本丛书得到何东先生独资赞助

This series of books is financially supported exclusively by Mr. Eric Hotung.

20 世纪中国文物考古发现与研究丛书

仰韶文化

巩启明／著

文物出版社

一　人面鱼纹彩陶盆
（陕西西安半坡遗址出土）

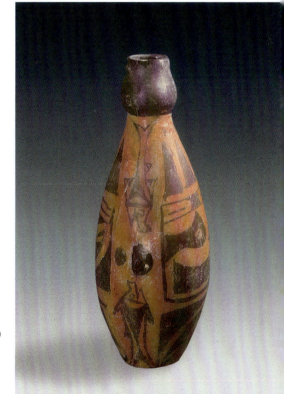

二　鱼鸟纹彩陶葫芦瓶
（陕西临潼姜寨遗址出土）

三　弧线圆点纹彩陶盆（陕西岐山王家咀遗址出土）

四　网纹彩陶船形壶（陕西宝鸡北首岭遗址出土）

五　彩陶钵
（河南郑州大河村遗址出土）

六　鹳鱼石斧彩陶缸
（河南临汝阎村遗址出土）

七　鸮鼎
（陕西华县泉护村出土）

八　龙虎蚌塑
（河南濮阳西水坡 M45 出

20 世纪中国文物考古发现与研究丛书

序 / 张文彬

俗称"锄头考古学"的田野考古学的诞生以及中国考古学学科体系的基本完善，由此而引起的古物鉴玩观赏著录向科学的文物学的转变，是 20 世纪中国学术与文化界的大事。它从材料与方法两个方面彻底刷新了持续了数千年之久的中国古代史学传统，不但为中国学术界和文化界开拓出更加广阔的研究天地，也为一切关心中华民族悠久历史和灿烂文明的人们不断地提供了可贵的精神滋养和力量源泉。

仰古、述古、探古，进而考古，向来为我国传统文化中一个明显的学术特点。先秦时期诸子百家发其端，汉代司马迁撰写《史记》，北魏郦道元作注《水经》。他们对相关的遗迹遗物，尽可能地做到亲自考察和调查，既能辨史又可补史。这种寻根追源的治学态度，为后世学术上的探古、考古树立了榜样。此后，山河间的访古和书斋式的究古相继开展，特别是对古器物的研究，成了唐、宋时期的文化时尚。不少学者热衷于青铜铭文、碑刻、陶文、印章等古文字的考释，进而有了对器物的辨伪鉴定、时代判断、分类命名等，逐渐兴起了一门新的学问——金石学，涌现出许多著名的古器物鉴赏家和收藏家。只是囿于当时的历史条件，金石学家们无法了解所见文物的出土地点和情况，也难以涉及史前时代漫长的演进历程，因而长期以来始终脱离不了考证文字和证经补史的窠臼。即使如此，他们的艰辛努力和取得的成绩，还是为推动我国传统文化的发展起到了积极作用，并且在事实上也为中国考古学和中国文物学的起步铺设了最早的一段道路。

20世纪初，近代考古学由西方传入。中国学者继承金石学的研究成果，学习并运用西方考古学方法，开始从事田野考古，通过历史物质文化遗存，探寻和认识古代社会，揭示人类社会发展规律。早在1926年，中国学者就自行主持山西南部汾河流域的调查和夏县西阴村史前遗址的发掘。随后，我国学者同美国研究机构合作，有计划地发掘周口店遗址，发现了北京猿人。从1928年起至1937年，连续十五次发掘安阳殷墟遗址，取得了较大收获，引起了国内外学术界的重视。自20世纪50年代以后，随着国家大规模经济建设的进行，田野考古勘探、调查和科学发掘工作在全国范围内蓬勃有序地开展，许多重要的典型遗址和墓地被揭露出来，重大发现举世瞩目。它们脉络清晰，层位分明，文化相连，不仅弥补了某些地域上的空白，而且衔接了年代上的缺环，为研究中国古代史、文化史、科学史以及其他学科领域，提供了珍贵、丰富的实物资料，极大地影响着人文社会科学诸多学科专业的研究与发展。这段时间被学术界称为中国考古学的黄金时代。在马列主义理论指导下，具有中国特色的考古学理论体系和方法论逐渐形成。有关研究成果不仅极大地改变和丰富了人们对中国文明起源、中国古史发展等重大问题的认识，同时也扩展了中国文物的研究领域和研究方式。可以说，考古学的发展与进步，直接影响到文物学的形成与发展，而且影响到全社会对文化遗产重要作用的认识以及世界学术界对中国古代文明的重新认识。

从20世纪80年代开始，文物界就中国文物学的创立，逐渐取得共识，在共同探讨的基础上，初步形成了学科体系。不少学者发表了有关论文，出版了专著，就文物的历史价值、科学价值、艺术价值以及在社会主义的物质文明与精神文明建设中如何对文物进行有效保护、合理利用发表意见。这些研究成果已获得学术界的赞同。

在这世纪之交和千年更替之际，对中国考古学和中国文物事业作一次世纪性的回顾和反思，给予科学的总结，是许多学者正在思考和研究的问题。如果能通过梳理20世纪以来重大发现和研究成果，透视学科自身成长的历程，从而展望未来发展的方向，以激励后来者继续攀登科学高峰，无疑是一件很有意义的事。为此，经过酝酿、商讨和广泛征求意见，我们约请一批学者（其中有相当多的中青年学者）就自己的专长选择一个专题，独立成篇，由文物出版社编辑出版一套《20世纪中国文物考古发现与研究丛书》，并以此作为向新世纪的献礼。

从某种意义上说，《20世纪中国文物考古发现与研究丛书》是一套学科发展史和学术研究史丛书。其内容包括对20世纪考古与文物工作概况的综合阐述；对一些重要的考古学文化和古代区域文化研究情况的叙述；对文物考古的专题研究；对重要的文物考古发现、发掘及研究的个例纪实。

此套丛书的内容面广，而且彼此关联。考虑到各选题在某些内容上难免会有重叠或复述，因此在编撰之初，我们要求各选题之间互有侧重，彼此补充，以期为读者了解 20 世纪中国考古学和文物学的发展提供更多的视角。

我国的文物与考古工作，虽在 20 世纪得到了迅速发展，但仍有许多重大学术问题需要进一步探索。我们主持编辑这套丛书，除了强调材料真实，考释有据，写作态度严谨求实外，也不回避以往在工作或研究上曾经产生的纰漏差错和不足之处，以便为今后的工作和研究提供借鉴。虽然我们尽了很大努力，但限于水平，各篇仍很难整齐划一。由于组稿和作者方面的困难和变化，一些计划之中的题目也未能成书。这些不周之处，敬请专家、学者和广大读者批评指正。

在丛书编印过程中，我们得到了文物、考古界的广泛支持。何东先生在出版经费上给予了热情帮助。在此，一并深表感谢。

2000 年 6 月于北京

目　　录

插 图 目 录

前言

　　仰韶文化的发现、发掘和研究已经历了八十个年头。在世纪之交，回顾我们以前走过的道路，科学地总结过去的成就和不足，展望新世纪要做的工作及努力方向，对于我们将仰韶文化的研究进一步推向深入和发展，具有极其重要的意义。

　　八十年来仰韶文化的考古工作已经历了几代学者的不懈努力，截至目前已调查发现遗址 5000 多处，试掘或发掘过的遗址 200 多处，揭露面积 19.4 万平方米。已积累了大量的科学资料，已发表或出版调查发掘简报、报告 200 多篇（部），各类研究文章 500 多篇，可以说已经取得了罕见的成绩，这在全国新石器时代诸考古学文化的研究中是最突出的。这些重大的工作业绩和研究成果为我国新石器时代考古及原始社会史的研究都提供了大量的珍贵资料。由于仰韶文化分布于我国中原地区，地理位置适中，延续时间长达 2000 年之久，同周围诸史前文化都有密切关系，中原地区又是我国古代文明的主要发祥地，传说时代的史前古国，历史时期的夏、商、周，以及秦、汉等都在这一区域建都，政行全国。可见这里自古以来就是我们伟大祖国政治、经济、文化的中心，其重要性是不言而喻的。在撰写过程中，力图做到如下几点：

　　一、坚持用马克思主义的观点及中国考古学自身的学科理论来指导对仰韶文化的研究。

　　二、主要介绍仰韶文化自发现以来各个时期的调查、发掘和研究，展示仰韶文化研究的系统脉络，实事求是的反映工作成绩，客观的介绍研究成果，对有争议的问题，广纳各家之见，择善而从。

三、本书的最后一章是对新世纪仰韶文化研究的展望，是在长期学习和研究中的一些体会，仅供今后工作参考。

另有两点需加特别说明：一是关于仰韶文化的名称问题，近年来有学者提出异议。有的学者将仰韶文化分布范围内的一些地方性遗存划出仰韶文化而命名为别的考古学文化名称，有的学者将仰韶文化的一些类型改称为考古学文化，甚至取消仰韶文化这一长期使用的考古学名称。鉴于这是正在探讨的问题，在学术界尚未取得共识以前，我们仍遵照《丛书》编委会以仰韶文化命题的意见，从事具体工作。二是关于仰韶文化的上下限问题，有的学者将宝鸡北首岭下层作为仰韶文化的上限，有的学者将庙底沟二期文化作为仰韶文化的下限。这些看法在学术界尚未取得一致认识，我们在本书的撰写中仍按传统认识对待。

本书在撰写过程中，最初激情满怀，一口气完成了约30万字的书稿，精选照片和插图一百多幅，与《丛书》编委会的要求字数相比，冒出了一倍之多。于是下决心大刀阔斧地压缩到18万余字，照片和插图压掉三分之二，仅剩五六十幅，与要求篇幅还有一定距离。又下狠心减缩到现在的样子，致使一些考古工作未能完全反映出来，有些问题未能得到深入的探讨，不能不说是本书的一件憾事，这是作者计划不周的过失。但通过介绍和论述，还是大致勾画出了几代学者八十年来对仰韶文化研究的梗概。谨以此奉献读者，聊以自慰。

一 仰韶文化的发现（一九二一～一九三一年）

（一）仰韶文化遗址的调查和发掘

中国近代考古学经过公元 19 世纪末及 20 世纪初的长期酝酿，到 20 世纪的 20 年代应运而生了。这主要表现在中国考古机构的建立，中国考古学家的崭露头角以及他们所开展的考古工作。同时中国的研究机构及学术团体邀请了一批国外学者来中国，和中国学者一道工作，共同取得了显著成绩。由于中外学者的努力，获得了很多重要发现。北京周口店猿人遗址、萨拉乌苏河套人遗址等旧石器时代遗址的发现，仰韶文化、龙山文化一批新石器时代遗址的发现等，彻底否定了当时认为"中国没有石器时代"的谬论，对后来的商代考古也产生了重大影响。这些成绩的取得，表明中国近代考古学一旦兴起，即以不寻常的业绩做出了贡献，很快引起了国内外的注目。下面我们将对仰韶文化遗址的调查、发现、发掘情况做具体的介绍。

仰韶村遗址

仰韶村遗址的发现、发掘与初步研究是中国地质调查所顾问瑞典地质学家安特生（公元 1874～1960 年）负责的。安特生于 1918 年到河南调查古脊椎动物化石，在中国首次发现三趾马化石及其所在地层，同年 12 月 8 日在仰韶村人王某陪同下到渑池县仰韶村采集动物化石，这是安特生第一次到仰韶村工作[1]。1920 年安特生派助手刘长山到仰韶村采集动物化石。刘长山是地质调查所的采集员，在长期跟随安特生工作中，对动物化石、史前石器都很熟悉，在地质调查所内也看到过不少标本，具备这方面的知识。刘在仰韶村采集到不少动物化石，在农民家里看到的史前石器他都搜集起来，同时又调查了石器出土地点，采集到不少石器，将 600 多件全部都带回地质调查所。安特生听了刘长山的汇报，又看了这些石器，认定这里可能是一处相当大的新石器时代遗址[2]。1921 年 4 月 18 日安特生第二次调查仰韶村，目的在于要亲自调查这里是否真有新石器时代遗址的存在。他在村南的冲沟断面上发现有灰层、灰坑和陶片的堆积，在堆积的下层还发现了精制的彩陶片和石器共存。他对此现象感到迷惑不解，因此又想转向地质方面的工作。但他思想上放不下这个问题，于是决定再用一天的时间看个究竟。这一天他又认真地对地层堆积情况进行观察，又发现 1 件石锛和一些美丽的彩绘陶片，遂使他确信这是一处内涵丰富的新石器时代遗址，值得发掘。安特生在其《黄上的儿女》一书中详细地记录了这一发现经过。他说，"在（仰韶）村南约 1 公里处，我要过一个深谷，一个真正的小峡谷。这个峡谷是后来我们对此处地形调查中著名的一部分。我到深谷北边后，在一条沟渠边上看到有段非常重要。沟底红色的第三纪泥土显露着它清晰的一层满含灰土和陶片的特有的松土覆盖着，可以肯定这是石器时代的堆积。搜索了几分钟，于堆积最底层发现了一小块红陶片，其美丽磨光的表面上为黑色的彩绘……我感到这类陶器会与石工具在一起发现是不可思议的。我感到有点失望，认为走的这条路把我们引入了歧途，我想还是回到地质古生物学研究上较为稳妥……其实，夜里躺在床上还思考

着仰韶村这个谜……我决定用一天的时间去探索那个峡谷壁
……考察了几小时后，我从没有动过的灰土中得到一件精制的
石锛。这天我还发现了另外一些重要的物品，很快就清楚了我
必须在这里研究这些非同寻常的重要堆积、丰富的遗物，特别
是容器碎片，包括我上面提到的美丽的磨光彩陶"[3]。安特生
下决心要在这处遗址进行一次科学发掘，他怀着热切的期望回
到北京，立即向当时的农商部部长和地质调查所的所长打了报
告，讲述了希望发掘的理由。在得到中国政府的正式批准之
后，又和河南省政府、渑池县政府联系并得到他们的同意和支
持，于同年 10 月安特生带领地质调查所五位工作人员一起对
仰韶村遗址进行正式发掘。

对仰韶村的发掘，安特生是有充分准备的（不像他于
1921 年 6 月间对奉天锦西沙锅屯的发掘是在地质工作中意外
发现的收获）。申请官方批准，人力、物力、技术、计划等都
有认真的考虑。仰韶村遗址位于渑池县城北 7.5 公里饮牛河西
岸仰韶村南、寺沟村北的台地上，范围南北 960 米、东西 480
米（安特生 1947 年在《河南史前遗址》中改为南北 900 米、
东西 300 米，1980～1981 年河南省文物研究所调查发掘时实
测为 36 万平方米，与安特生《中华远古之文化》所述接近）。
这次发掘由安特生主持，地质学家袁复礼、名誉技师古生物学
家师丹斯基和两位采集员参加工作，均为地质调查所的人员。
发掘工作从 10 月 27 日开始，12 月 1 日结束，历时 36 天。使
用的工具手铲、毛刷、铁镐、铁钩、皮尺、卷尺等，是由中美
中亚考察团从美国带来的。安特生将这套工具先运用到对周口
店旧石器遗址的发掘，接着又运用到仰韶村新石器遗址的发
掘。这套发掘工具在当时来说，乃是考古发掘中最先进的工

具。至今我们所沿用的还是这种传统工具。安特生在仰韶村遗址主要是对暴露灰层及遗物较多的东西沟和路沟断崖处布发掘点，沿着这些冲沟发掘了十七个地点。他采用开探沟的方法，对地层也很注意，不过他是按水平层位进行的。安特生采用挖探沟了解地层的方法，在中国近代考古学史上当为首次，至今我们仍在沿用。但他按水平层位深度记录遗物的方法是不科学的。他将 3.2 米深的探沟 II 分为六层：第一层从地表至 70 厘米处，第二层为 70～150 厘米处，第三层为 150～200 厘米处，第四层为 200～240 厘米处，第五层为 240～270 厘米处，第六层为 270～305 厘米处。并按发掘深度记录出土遗物的数量、种类和特征，将陶器分成红、黑、灰三种，由于他统计的六层中都是这样，致使他得出的初步结论认为仰韶村遗址是一个文化，即仰韶文化的连续堆积。安特生这种记录方法打乱了自然堆积所形成的层位，他不了解文化层与绝对深度没有关系，从而忽略了文化层中遗迹、遗物复杂的叠压和打破关系，遂使他得出了错误的结论。但总的来看，安特生对仰韶村遗址的发掘成绩还是主要的，收获相当丰富，获得了一批石器、骨器和大量的陶器，其中还有一些彩陶及完整器物，从探沟的剖面上他发现有一些可能是人们居住过的遗迹[4]。在当时中国考古学中尚无比较标准的时候，首次发掘的一切都是创始，缺点或错误也是难免的。但发掘的意义重大，影响也是极为深远的。

　　1921 年，安特生在争取中国政府及有关部门审批他发掘仰韶村遗址的报告的过程中，还带领助手白万玉等到奉天锦西调查煤田。由于安特生对古文化遗存的兴趣，6 月 10 日发现沙锅屯洞穴遗址，立即安排助手进行发掘。当发现了石环、骨锥及大量人骨之后，又邀请当时在协和医学院任解剖系教授的步达生来共同发掘。整个发掘持续到 7 月中旬结束。因此，仰韶村虽是中国发现的第一个史前聚落遗址，但不是中国境内的第一次史前考古发掘。沙锅屯史前洞穴遗址的发掘才是中国境内第一次的史前考古发掘。但对沙锅屯的认识则是发掘仰韶村之后[5]。

渑池、河阴诸遗址

安特生等在发掘仰韶村期间，还在渑池县调查发现了不招寨、杨河村及西庄村三处史前遗址，安特生和师丹斯基对不招寨做了小面积的试掘。在仰韶村发掘收工后，安特生等回京，但安排助手姚某到郑州附近的河阴县（今荥阳县）进行考古调查。姚某在河阴发现了秦王寨、池沟寨和牛口峪三处史前遗址，采集了一些石器和陶片。次年安特生又派白万玉到河南复查这三处遗址。安特生在整理材料时，将这些遗址命名为仰韶文化，其年代为新石器时代晚期，同时将沙锅屯洞穴遗址也归入仰韶文化系统[6]。仰韶文化的命名，是中国近代考古学史上被命名的第一个考古学文化名称，安特生之所以这样做，是考虑到性质相同的文化遗址在渑池县、河阴县及锦西等地都有分布。安特生这种为考古学命名的方法，至今还在沿用。仰韶文化的发现，用实物证明了中国不但有石器时代的遗存，而且还相当丰富，遂使中国无石器时代的谬论不攻自破。

安特生 1921 年冬和 1922 年春，在整理仰韶村的发掘及其他遗址的试掘和调查材料时，发现这些遗址中出土的石刀和陶片和当时华北农民收割用的铁质镰刀相似，仰韶村出土的陶鬲和中国商周时代的铜鬲相似（当时龙山文化尚未发现，安特生将后来认识到的仰韶文化和龙山文化遗物混为一谈，统归入仰韶文化），金文中的鬲字，是陶鬲和铜鬲的象形字，因此他认为陶鬲是铜鬲的前身，所以安特生认为石刀、陶刀和铁镰刀，陶鬲和铜鬲，都是一脉相承的，仰韶文化是中国古代文化的前身，是中国远古的文化。他研究仰韶文化的第一本著作，书名即叫《中华远古之文化》，1923年出版。从这里可以看出安特生的基本思想是植根于仰韶文化的土著性和民族特点的，认为这是汉民族的远古祖先创造的古老文化。但他对仰韶文化彩陶很不理解，感到很难正确估计它的重要意义。所以他1921年到仰韶村调查时，在沟壁上发现彩陶片和石器共出时，觉着不好理解，甚至担心会误入歧途。对彩陶的认识，安特生是很慎重的，1921年春从仰韶村回到北京，在地质调查所的图书馆中发现了美国中亚考察团的安诺遗址发掘报告，发现中亚也有石器和彩陶共存的情况，于是他在同年冬仰韶村的发掘中，对彩陶特别重视，甚至对其他遗存有所忽视[7]。当他在室内整理发掘材料时，就将仰韶文化的彩陶和安诺与特里波列的彩陶进行比较，他感到"河南与安诺石器相较，其同形相似之点，既多且切，实令吾人不能不起出于一源之感想，两地艺术彼此流传，未可知也"。至于源在何方，"是由西向东或是自东向西传播，安氏尽管脑子里已有自西向东传播的猜想，但却没有做出片言之论断"[8]。为了探求解决问题的途径，他建议在联系两地的通道上开展工作，这一建议得到地质调查所的支持，于是便开始了他1923～1924年赴甘肃、青海一带进行考古调查的工作[9]。

甘、青诸遗址

1923年春，安特生带领地质调查所的中国助手，一起踏上了往西北考古调查的道路，当路过西安时，安特生调查了前不久助手张某发现的十里铺史前遗址，认为与河南发现的相似，同属于仰韶文化。安特生一行在西去兰州的路上发现了不少历史时期的文物，沿途还绘制了一些地形、地质图，如邠州（今彬县）泾河横断面图等。1923 年 6 月 21 日抵达兰州，不久，即沿湟水河谷向西宁进发。在西宁东的十里堡村冲沟壁上发现有灰层和彩陶片，认为是一处史前遗址。到达西宁后即向地方政府报告，要求试掘十里堡遗址，立即得到当局的同意和支持。安特生一行到十里堡遗址进行了为期一周的发掘，发现了不少石器、骨器和彩陶片等，认为这是一处仰韶文化遗存，并认为仰韶文化向西分布已达青藏高原的边缘[10]。在十里堡发掘之后，安氏一行到青海湖沿岸调查，在几个地点采集到陶片，在湖北岸发现有不少燧石石页及仰韶式的骨刀和彩陶片等，认为也是仰韶文化遗存。1923 年 8 月下旬至 9 月上旬，安氏一行在贵德县发现罗汉堂遗址，并进行了发掘，该遗址位于黄河上游的河谷地带，其地理位置在史前遗址的分布上具有重要意义[11]。1923 年 9 月 15 日安特生等回到西宁，又于西宁以西发现并发掘了朱家寨遗址。该遗址面积很大，分居住址和墓地，在墓地发掘了 43 座墓葬，保存尚好，出土人骨 43 具，以及大量的随葬器物。这是安特生除仰韶村外的又一处重要发现[12]。此后又在距朱家寨以北约 7 公里处发现并发掘了卡约遗址，后被称为卡约文化。此后回兰州过冬，对本年度工作进行总结，筹措经费，同时在民间查访，收购征集了大批陶器，安特生在报告中采用的完整陶器多数是这次征集的。

1924 年 4 月 23 日安氏一行由兰州出发，沿洮河南下，在今临洮县的洮河阶地上发现灰嘴遗址和辛店遗址。对辛店遗址进行了发掘，袁复礼测绘了地形图。后又于洮河西岸的今广河县发现并发掘了齐家坪遗址，收获较丰。此后又在临洮县发现并发掘了马家窑遗址。1924 年 6 月 26 日安特生及其助手庄某于洮河西岸的和政县发现半山墓地，并发掘了一座未经扰乱的墓葬，随葬品丰富，其中有彩陶 8 件。半山遗址是几处墓地和居住址的总称，包括瓦罐嘴住址和墓地、半山、边家沟、王家沟墓地，彼此相距 1～2 公里，位于被冲沟切成的各个小山丘上，安特生发掘的墓葬属边家沟墓地。7 月上旬，安特生在传教士的指引下，发现了临洮县的寺洼山遗址。同时派助手白万玉到礼县、天水一带调查，采集了一些石器和彩陶片。1924 年 7 月中旬，对洮河流域的工作告一段落，他为了探寻仰韶文化（半山）与辛店等青铜文化之间的缺环，派助手庄某再到湟水流域调查，庄某很快在民和县发现马厂塬遗址，发掘 2 座墓葬，出土彩陶甚为典型。同时安特生本人前往河西走廊调查，在民勤县发现了柳胡村、三角城及沙井村等遗址，对沙井村作了较大规模的发掘，发现墓葬 40 多座，收获相当丰富。至此，安特生在甘、青地区的考古调查基本结束。他在这两年期间的野外工作中，跋山涉水，不辞劳苦，共发现 50 处新石器时代和青铜器时代的遗址。作为一名受聘于中国的外国学者，其敬业精神值得称赞。1924 年 10 月安特生回到北京，1925 年回国后，他将这次工作的结果整理成《甘肃考古记》，在中国地质专报甲种第五号上发表。1926 年安特生再次来华，并到山西作过一次考古调查。安特生的田野考古活动主要集中在 1921、1923 及 1924 年，他采集、征集及发掘出土的大部分文物标本，经中国政府批准运回瑞典，由首都斯德哥尔摩 1926 年新建的远东古物博物馆收藏，1929 年创办馆刊，每年出版一册，名为《远东古物博物馆馆刊》，直到现在还在继续编辑出版，当初主要是发表以中国考古为主的研究报告，仰韶村、罗汉堂、朱家寨及齐家坪等重要遗址的调查、发掘资料都是在这个刊物上发表的[13]。

西阴村遗址

1925 年冬至 1926 年春，李济和袁复礼到晋南汾河下游考古调查，发现了 3 处有彩陶片的新石器时代遗址。李济先生后来在回忆这次调查时谈到："袁和我在 1925～1926 年冬季离北京去山西。在途中我们拟定了考察的路线。……我和袁决定，到太原后主要沿汾河谷地南行，到山西省南边界的黄河北岸探寻考古的可能性。这里已有铺平的路，可利用的交通工具是骡子、骆驼椅、人力车和骡车等。我们从平阳府（临汾）开始向南勘查。在这个地方我们每人雇一头骡子驮运行李、调查和照像仪器及个人用的东西。山西运货的骡子以耐力著称，能驮300 多磅重的东西，以每天 25 英里的稳定速度在崎岖不平的山路上行走。这正是我们需要的。我和袁骑骡子从临汾出发，向南漫行约一个月。在每天的观察中，除发现许多有重大考古价值的历史遗址外，主要是三个有彩陶的史前遗址"[14]。李济和袁复礼调查结束回到北京后，将这次新的发现向清华研究院和弗利尔艺术陈列馆作了汇报。双方商定了合作条件："第一，考古团由清华研究院组织；第二，考古团的经费大部分由弗利尔艺术陈列馆担任；第三，报告用中文英文两份，英文归弗利尔艺术陈列馆出版，中文归清华研究院出版；第四，所得古物归中国各处地方博物馆，或暂存清华学校研究院，俟中国国立博物馆成立后由博物馆永久保存"[15]。于是李济和袁复礼又奉命到山西做发掘工作，他们拿到了必要的官方证件和介绍信，1926 年秋到山西，争取了山西省长及夏县县长等地方官员的支持，始得开展工作。当时李济选择首先发掘西阴村的目的和动机，据他自己所说是前几年安特生研究中国史前文化中，一些问题尚未搞清楚，所以才首选发掘西阴村遗址的。根据李济的回忆，他之所以选择首先发掘西阴村遗址的原因还有如下几点：其一，史前遗址不含任何金属品，可以避免挖宝的怀疑。其二，发掘的是过去不知名的埋葬（藏），所以很少有人注目，以减少反对挖墓的公众意见。其三，仰韶文化的发现已排除了对史前文化重要性的怀疑。

西阴村遗址位于晋西南夏县城北涑水支流青龙河（又名运粮河）北岸，系鸣条岗下的一处高地，因灰土堆积丰富俗称灰土岭，1926 年 3 月 24 日李济、袁复礼发现，同年 10 月 15 日至 12 月初正式发掘。西阴村遗址面积很大，东西长约 560 米、南北 800 米。发掘点选择在遗址南部（后发现是中部）地势较高的南临断崖处，采用探方法进行发掘，共布 2×2 探方 12 个，其中 8 个完整，4 个因临断崖有缺损，每个探方都挖至生土为止（图一）。为记录方便，先按袁复礼所绘 F 遗址地形图的零线西侧选出一点，为定标点。并从此挖起，先南向，再往东，然后向北。并设东西线为 X 轴，南北线为 Y 轴，上下移动的是 Z 轴，全部出土物的位置都能准确的记录下来，这种记录出土物的方法叫做"三点记载法"。但李济在发掘工作实践中感到这样记录每一件出土物过于繁琐，而另采用一种"层叠法"以记录常见遗物如陶片等。层叠法是由零点（地表）以下按深度每一米分为一层，即第一米为 A 层，第二米为 B 层，往下依次类推。因土色常有变化，又将每一大层分为若干小层，小层厚度以"土色及每次所动的土的容积"而定。如某堆遗物上的编号 B4C，即指第 4 探方第二大层第三分层所出土。李济的"三点记载法"和"层叠法"的遗物记录法，显然比安

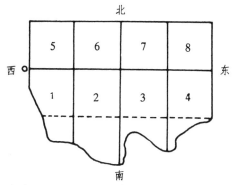

0＝起点　1、2、3……＝各方的号目　比例尺：1∶80

图一　西阴村探方布局（依李济 1927 年）

特生按发掘深度记录出土遗物的方法科学的多了。经过发掘出土的遗迹、遗物丰富。遗迹有居穴（可能是），遗物有石斧、石刀、石锤、石箭头、石纺轮、石坠饰、骨锥、骨针、角锥、骨簪、陶纺轮、陶球、陶环、绿松石饰、半个茧壳、兽骨、人骨及 10 多万件陶片，陶片中有一部分彩绘陶片。西阴村遗址的文化性质属仰韶文化。

　　上述对仰韶文化遗址的调查和发掘，主要集中在豫西、晋南及甘、青一带的黄河中上游地区。此外还有 1929 年李济在安阳殷墟发现的仰韶文化遗存以及 1930 年日本人原田淑人在张家口元宝山发现的属仰韶文化系统的洞穴遗址，使人们得知豫北、冀西北地区也有仰韶文化分布。安阳和张家口的发现因资料太少，无法详述。

（二）安特生对仰韶文化的初步研究

　　在 20 世纪 20 年代中国近代考古学诞生中，对仰韶文化的调查、发掘和研究以外聘学者安特生最为突出。由他主持调查和发掘了多处重要遗址，在研究方面他的成果最多，成绩斐然。安特生为中国近代考古学的诞生、为一些重大学术课题研究等做出了突出的贡献。但因受时代的局限，他的研究也有失误。

1. 中国石器时代的确立

公元 19 世纪末 20 世纪初一些外国学者在中国的考古活动，使中国已有石器发现，多系采集所得。对这些石器的认识中外学者大都认为它们不是中国（汉族）的东西，而是中国历史时期的蛮族遗存。日本著名考古学家鸟居龙藏（1870～1953年）于公元 19 世纪末至 20 世纪初在吉林、辽宁和内蒙古东部考古调查，发现大量石器和陶片等文化遗物，认为这些遗物不是中国（汉族）遗存，而是东胡族和通古斯族的东西[16]。中国地质学家章鸿钊 1919 年著《石雅》一书，认为中国有史以来即知利用金属器具，所见石器应是蛮夷人种之遗或散居边境之戎狄所有，非汉族物[17]。美国学者劳弗尔 1912 年著《玉考》一书，将在陕西发现的石器划归周人文化，在山东发现的石器归夷族文化，在其他地方发现的统统归入蛮人文化，根本不承认中国人有石器时代遗存[18]。三位学者的观点在当时的学术界颇有影响，安特生据他发现的最新资料，对三位学者的错误观点给予了严肃批评。他从所发现史前遗址的规模、农业的发展、家畜饲养、石器、陶器与历史时期的比较以及人种资料的研究等出发，指出仰韶文化之人种当为现代汉族之远祖，或与汉族极近之一民族。因此，他将仰韶文化称之为"中华远古之文化"。安特生对仰韶文化性质的判定，即对中国石器时代的确立，从根本上否定了中国无石器时代的论调。这是安特

生研究中国考古学的一大贡献，对中国历史学、人类学、文化
史及民族学等的研究具有极为重要的意义。

2. 关于彩陶的讨论——安特生研究仰韶文化的失误

中国文化西来说的错误观点由来已久。早在公元 17、18
世纪，随着西方近代科学的蓬勃发展，一些学者对雄踞东方的
古老中国发生了浓厚的兴趣。中华民族及其文化的起源问题，
成了他们讨论的焦点。他们根据一些传教士的见闻及其所了解
的中国风俗习惯、文字、神话传说等著书立说随意猜想，推论
中国文化起源自埃及、巴比伦、印度或中亚等等。对这些问题
认识在国内外都有不同观点进行比较。这里无论是外来说或者
是本土说，都没有考古学上可靠的证据。遂使这一争论慢慢沉
寂下来。但到了 20 世纪 20 年代，随着中国田野考古学的诞生、
仰韶文化的发现又给中国文化渊源问题的讨论带来了复苏的机
会。鉴于安特生是仰韶文化的发现者又是中国文化西来说的支
持者，所以他根据考古资料论证的观点对学术界影响很大。

安特生于 1921 年底至 1922 年春在整理仰韶村等遗址调查
发掘资料时，已发现仰韶彩陶和安诺彩陶有相似之点，至于谁
影响谁他不敢断定，遂建议地质调查所于仰韶至安诺的通道上
（甘青地区）进行考古调查。同时他还决定征求一下学术界的
意见作为参考。他先将绘好的仰韶、安诺及特里波列的彩陶纹
饰比较图（图二）及一些彩陶片送给考古学家瑞典皇太子研
究，1922 年 5 月又到英国伦敦广泛征求有关专家的意见，在
英国博物院组织专家讨论，中国陶瓷专家英国人郝步森认真观
察了仰韶的部分陶片及仰韶、安诺及特里波列彩陶纹饰比较图
后谈了几点看法，大意是：中国仰韶彩陶与中东彩陶相同，巴
比伦彩陶最早，世界各地彩陶都由巴比伦传出，仰韶文化的年

图二　安诺及特里波列与仰韶彩陶纹饰的比较（依安特生 1923 年）

代应不晚于夏代的纪年，按彩陶东向的传播路线在新疆等地应有彩陶发现。安特生还曾将仰韶、安诺及特里波列彩陶纹饰比较图寄给考古学家、安诺遗址的发掘者、研究者施密特博士征求意见。施密特的答复态度格外谨慎，对仰韶、安诺及特里波列彩陶文化的传播关系，基本上持否定的意见。他认为安特生的比较图只注意了彩陶的纹饰，而对制造技术、色彩及磨光程度有所忽略，仰韶文化的年代当未确定，安诺一期与特里波列的年代并不相同，所以它们之间的关系也难以确定。安特生对施密特的谨慎态度表示赞赏，但他却采纳了郝步森的意见。安特生指出：首先仰韶彩陶与近东和欧洲彩陶相似，可能同出一源。巴比伦彩陶年代最早，四外流传，中国彩陶可由西方传入。其次，关于仰韶文化人种的问题，需由人类学家步达生对出土人骨研究以后方能定论。但就他本人的观察认为"仰韶文化之人种当为现代汉民族之远祖"。再次，彩陶的西来还是一个尚待证实的假设意见。而中国文化西来说的问题，并无定论，若要解决为时尚远，还需要考古学家、人类学家和语言学家的共同努力。这就是安特生1923年以前对仰韶彩陶与西方彩陶关系的全部认识。这些认识都反映在他关于中国史前文化研究的第一部著作《中华远古之文化》一书中。

安特生为了验证他的仰韶彩陶西来说的假说，于1923至1924年，到安诺至仰韶之间甘青地区进行考古调查，并将这一年的资料整理了一篇简报，题为《甘肃省的考古发现》，于1924年发表在瑞典地学杂志上[19]。在这篇文章中他说在整理甘肃的陶器时，联想到李希霍芬（19世纪曾在中国从事地质工作）关于中国文化西来的说法，认为中国人民乃迁自中国新疆，"此即为中国文化之发源地。但受西方民族之影响"[20]。由此安特生又改变了他以前中国文化源自本土说的观点，并修改了他接受郝步森中国文化来自巴比伦的说法，彻底相信了李希霍芬的新疆说。安特生的这一观点发表后，立即遭到瑞典汉学家加尔格林（B. Kalgren 又译为高本汉）的反对。他认为安特生的推论与考古发现自相矛盾，比如其一，中国文化中的鼎、鬲及瑷、戈等在甘肃罕见；其二，甘肃和河南两地出土的彩陶并不完全一致；其三，甘肃出土的石刀、骨刀不见于河南。基本上否定了安特生的中国文化起源自新疆的观点。加尔格林认为是中国本土文化受了西方文化影响，以鼎、鬲为代表的中国文化最后同化了以彩陶为代表的西方文化。他说：假如确有持有彩陶的民族于公元前三千年从其旧居新疆和甘肃侵入东方，远到河南"未必即能殖民于此"，而结果却被"真纯之中国民族所同化"。同时，安特生将仰韶出土的陶器请瑞典考古学家阿恩（T.J.Arne.又译为阿尔纳）作为专题研究，即《河南石器时代之着色陶器》，1925 年发表。阿恩认为在新石器时代末期，以彩陶和铜为特征的西方文化对中国本土文化发生了深刻的影响。至于代表这种文化的民族应是"南印度日耳曼民族"，并认为安特生相信李希霍芬的中国文化西来的观点是正确的。但他也承认要最后确立这一观点，还需要等待开展更多的考古发掘研究工作[21]。

上述加尔格林和阿恩的看法有分歧，但有一点是一致的，即都承认在彩陶传入之前，中国已有自己的本土文化。安特生采纳了他们的意见，对原先的认识有所修正。其修正意见主要有以下几点：（一）鬲为中国文化的代表，发源自豫、晋、陕交界地区的黄河中游，是由东向西传播至甘肃的；（二）彩陶源自西方，由西向东传播，先传到甘肃再传到河南。按照寻常的规律推论，甘肃彩陶应该早于河南彩陶，但考古发现并未证明甘肃仰韶早于河南仰韶。尽管甘肃彩陶装饰比河南更为富丽，数量也较河南丰富，但河南彩陶的陶质、陶色、制作技术、花纹图案等特点自成一体。安特生对此现象的解释是传播速度极快，迅速与当地文化融合为一体的结果。但安特生和加尔格林、阿恩的不同处是他的推论"仅及文化之迁移，而人种之迁移则未敢过问"[22]。

安特生还注意到，在华北已发现的史前文化遗址均为由石器时代向石铜器时代过渡的，而新石器时代早、中期的遗址尚未发现。他猜想没有发现的原因，可能是华北原有的文化是迁徙频繁少有定居的渔猎文化。在新石器时代晚期，以彩陶为代表的西方文化进入华北，同时可能有高级的农业技术导入，后与本土文化融合而得到迅速发展。

上述关于彩陶的讨论，除施密特基本否定西来假说，郝步森绝对肯定西来假说外，安特生和加尔格林、阿恩的观点是一致的。他们都认为在新石器时代晚期，有来自西方的一支以彩陶为代表的先进农业集团进入中国的黄河流域，与原有的土著文化相融合，并成为中国的史前文化。这一错误的中国文化西来说的观点在国际学术界广为流传，影响极坏，曾长期影响着中国新石器时代文化的研究。这是安特生研究仰韶文化的最大失误。

鉴于安特生中国文化西来假说思想的支配，他关于仰韶文化年代的研究也得出了错误的结论。他所采取的方法是将仰韶村的遗存和欧洲新石器时代及中国商周遗存相比较。对比结果认为：一是欧洲新石器遗址常见石、骨器等河南仰韶等遗址都有出上；二是仰韶村遗址的冲沟系遗址堆积之后所形成，可证遗址年代之古远；三是未有金属品发现；四是没有文字发现，可证为史前期之遗存，中国文字发现于商代，而商代的纪年是公元前 1766~前 1122 年。由此，他认为"从仰韶遗址全部而论，似当为新石器时代之末期"。并说："予以为仰韶纪土层属于石器及金属器时代之过渡期，与地中海左右之所谓石铜时代者相吻合"。至于仰韶文化的绝对年代，安特生主要参照了郝步森关于近东彩陶出现年代的意见，"当在距今四五千年前之间"。即在公元前 3000 年左右，巴比伦彩陶出现在公元前 3500 年晚一些，从而证明了他的彩陶传播流向的观点。

安特生对甘肃史前文化的分期和年代的研究也是错误的。他采取的方法是对陶器进行类型学分析，从简单复杂的一般进化理论的推导及铜器的多少进行研究。他对地层学也很注意，但只发现有个别的地层关系。经过研究他将甘青地区所获得的全部资料分为六期，依次是齐家期、仰韶期、马厂期、辛店期、寺洼期和沙井期。前三期为"新石器时代末期与新石器时代及铜器时代之"过渡期"，后三期为"紫铜器时代及青铜器时代之初期"。同时将这六期与近东诸遗址及中国历史时期的年代进行比较，推导出甘青六期的绝对年代。关于甘青仰韶期的年代，安特生认为应与仰韶文化的绝对年代公元前 3000 年相近。他认为齐家期相对年代比仰韶期早，其绝对年代应早于仰韶期。同时又考虑到商代的纪年上限是公元前 1766 年，有成熟的文字，发达的青铜器。而甘青最晚的沙井期，无文字，小件铜器技艺粗糙且无礼器出土，所以认为沙井期的绝对年代应在商代纪年之前。经过他的研究，将甘青史前文化的绝对年代推定在公元前 3500～前 1700 年之间。各期的具体年代为：

齐家期　　3500～3200　BC

仰韶期　　3200～2900　BC

马厂期　　2900～2600　BC

辛店期　　2600～2300　BC

寺洼期　　2300～2000　BC

沙井期　　2000～1700　BC

安特生对甘青六期绝对年代的推测，与他主张的彩陶文化由西向东传播的观点是相辅的。但仍无法证明甘肃彩陶早于河南彩陶，只好用传播速度极快进行解释。

3．安特生研究失误的根源

安特生在仰韶文化的研究中所产生的种种错误，在中外学术界的影响极坏。那么，产生这些错误的原因何在？我们从当时的背景以及他工作的本身考虑，大致有如下五点：一、发掘方法的失误。即他在仰韶村等遗址的发掘中采用的是按水平层位的发掘方法及按深度记录遗物，这是不科学的。因为他不清楚处于同一深度的遗迹遗物不一定属于一个层位，文化层与绝对深度没有关系的原则。由此而导致了他将仰韶村遗址不同内涵的文化遗存混为一谈，从上到下当作一个文化处理的错误。并简单的认为单色陶早于着色陶，还进一步套用在甘青史前文化的分期上，认为齐家期早于仰韶期等，遂造成我国新石器时代研究极大的混乱。二、欧洲传播论与古典进化论的影响。公元 19 世纪末 20 世纪初欧洲学术界的文化传播论异常盛行，不少学者都希望在古老的东方出现和欧亚大陆相近的东西，以验证传播论的正确，在史前考古界尤其严重。安特生虽是初涉考古学，但这样的社会影响，他也不能例外，特别是被征求意见的学者大多是传播论者的典型人物。同时安特生的同辈人都深受公元 19 世纪古典进化论的影响，这种进化论带有强烈的地质学和古生物学倾向，而对文化发展的不平衡性不够注意。安特生将河南仰韶文化和甘青所谓的仰韶六期文化都看成同一个发展模式，而未看到它们之间的不平衡性的错误，明显的是受古典进化论影响所致。三、中国考古发现的局限性。20 年代初当仰韶村等遗址发现、发掘之前，中国的田野考古尚为白纸一张，中国近代考古学尚未诞生，史前考古尚未开始，安特生等对仰韶村等遗址的发掘才揭开了中国近代考古学的第一页，中国的史前考古由此开始。当仰韶村等遗址发现、发掘以后以及着手整理发掘资料时，他所需要参考和比较研究的材料及需要请教的专家，在中国都是没有的，所以他只得和欧洲和近东的资料进行对比研究，要请教的专家也只能到欧洲去找。当时他在地质调查所图书馆首先接触到的便是俄属土库曼安诺遗址的发掘报告即《土耳其斯坦探测记》一书，他发现安诺遗址也有彩陶出土，便和仰韶村的彩陶比较研究，并向英、法、瑞典等国的专家请教，再加上他已有的传播论和古典进化论的思想支配，而得出了中国文化西来假说的结论。所以说安特生对中国史前文化研究失误应与中国史前考古的局限性有关。四、安特生等关于仰韶彩陶与西方彩陶的比较研究是片面的。他只注意了纹饰的比较，而忽视了陶质、陶色、形制、制作技术、烧成温度、施彩方法等方面的考虑。即便是纹饰比较，也仅是抽出几块彩陶片而已，而不是整个彩陶的纹饰，更不是整个陶器群的纹饰，其错误自然是难免的。五、将仰韶与安诺、特里波列、苏萨等遗址的年代进行对比是不科学的。因这些遗址本身的年代尚未确定，甚至存在着很大混乱。如安诺遗址，发掘工作的主持者攀伯里（R.Pumpelly）认为安诺Ⅰ、Ⅱ期的年代应在公元前 9000 或前 6000 年，发掘安诺的实际工作者施密特认为在公元前 3000 年。其他遗址的年代在当时的学术界均未形成共识。安特生将仰韶文化的年代定在公元前 3000 年左右，是他参考了安诺的年代及郝步森关于巴比伦于公元前 3500 年始创彩陶后四外传播、中国地处远东传到最晚的臆测后推定的。

就安特生的失误根源来看，我们认为多属受时代的局限性

所致。比如按水平层位的发掘方法，在当时是国际考古界通用
的方法。1904 年发掘的安诺遗址、1926 年发掘的西阴村遗址、
1929 年至 1930 年对殷墟的前三四次发掘等都是按水平层位发
掘的。所以，如果说这种方法是错误的，这只能说是时代的局
限，而不能归罪于安特生个人。严文明曾指出，我们过去对安
特生的批判显然是不恰当的，"对安特生这个人，以及他在中
国从事的考古工作，都应该进行实事求是的全面的分析，给予
应有的评价，否则就很难正确的写出仰韶文化发现和初步研究
的历史，也很难正确的写出我国近代田野考古学发展的历
史"[23]。

（三）仰韶文化发现的重要意义

20 世纪 20 年代是中国近代考古学诞生的时期，也是仰韶
文化开始发现和初步研究的时期。当时的工作虽说多是中国的
考古机构组织实施的，但人力和经费都有国外的成分，对我国
的科学事业给予了有力的支持。特别是外籍学者安特生、步达
生、师丹斯基等与中国学者袁复礼、李济、梁思永及富有实践
经验的技工刘长山、白万玉等共同开展的田野调查和发掘，取
得了许多成功的经验和成绩，为仰韶文化的发现和研究作出了
突出的贡献。同时这些工作因系初创，也走了不少弯路，也有
不少失误。但正是他们的工作才为后来仰韶文化的进一步研究
奠定了最初的基础。仰韶文化的发现有划时代的重大意义。概
括起来，大致有如下几点。

1. 第一次宣告中国蕴藏着丰富的新石器时代文化遗存

早在公元 19 世纪末 20 世纪初，一批中外学者异口同声地

说"中国无石器时代"，认为已经采集的石器是戎狄或其他异族的文化遗物，这对学术界、文化界影响极广。当安特生等在河南、辽宁等地发现了石器时代遗址以后，摆在他面前的首要问题便是这些史前遗址的属性问题，是属于中国人的文化遗存或是其他。安特生经过认真的审慎的研究后，认为在中国发现的石器及近期发现的石器时代遗址不是早期蒙古人或其他民族的文化遗存，而是华夏族即今天汉族祖先的文化遗存。因此将他的发现称之为"中华远古之文化"即"早期中国人的文化"，并用考古学的惯例命名为"仰韶文化"。这是在中国近代考古学史上首次出现的第一个考古学文化名称。仰韶文化的发现和确立，以雄辩的事实证明了中国大地蕴藏着丰富的新石器时代文化遗存，同时也宣告了"中国无石器时代"的谬论彻底破灭。

2. 标志着中国史前考古学及中国近代考古学的诞生

中国史前考古学及中国近代考古学的关系是相当密切的，尤其是我们研究它们的发生和发展时必须同时考虑，而不能分割或孤立的进行。中国的史前考古学从公元1895年鸟居龙藏在旅顺地区的考古调查开始，到1921年安特生的考古活动以前为一个阶段。在此期间，日本及其他西方学者到中国进行探险、考察，使近代考古学的基本知识传入中国。民国初，在提倡科学的口号下，知识青年寻求科学救国的道路，为中国史前考古学的发生起到了奠基的作用。有学者认为这一阶段应是中国史前考古学及中国近代考古学的孕育期或萌芽期。从1921年发现仰韶村等史前遗址开始，到1931年发现后岗三叠层以前为一阶段。在此期间，先是由外聘学者主持考古调查和发掘，后是由外国资助的中国学者主持，最后是由中国建立的专门研究机构负责考古事宜。通过他们的工作，相继发现并确立了仰韶文化、周口店中国猿人及其文化、龙山文化等。尤其仰韶文化的率先发现和确认，使中国的田野考古逐步发展起来，从新石器时代的研究扩展到旧石器时代及铜器时代。所以说仰韶文化的发现是中国史前考古学和中国近代考古学诞生的标志，这一认识在考古界基本上是一致的。

3. 为中国历史研究带来了新的信息

1919 年五四运动提倡民主科学的口号，对中国社会产生了广泛而深刻的影响，在史学领域掀起的古史辨运动，是当时提倡科学的具体反映。经过古史辨派对旧史学的批判，遂使旧史学遭到破坏，这时学术界都希望新史学建立起来，重新建立一套上古的信史来。顾颉刚说："我知道要建设真正的古史，只有从实物上着手的一条路是大路"[24]。并呼吁中国考古学应该发达起来，才能解决中国上古史的问题。1921 年地质调查所对仰韶村、沙锅屯等遗址的调查和发掘，1923 1924 年对甘青地区史前遗址的调查和发掘，1926 年清华大学对西阴村遗址的发掘，1927 年对周口店中国猿人遗址的发掘，1928 年至 1930 年中央研究院历史语言研究所对殷墟和城子崖遗址的发掘等，都有很多重要发现。这些工作成就很快引起了国际学术界的关注，尤其仰韶文化的发现对当时中国古史的研究影响极大，使中国史前史的研究有了可靠的实物依据，为中国上古史的研究带来了最新的信息。此后随着中国考古学的发展，考古资料的不断增加，对中国古史的研究起着莫大的作用。

4. 为考古工作创立了许多优良传统

对地质、地形、地貌及环境的重视。20 年代的考古工作对古遗址的自然环境及石器的质料岩性都很重视，当时认为这是了解史前文化的一个重要手段。如安特生对仰韶村地形、地貌的研究，他初到仰韶村发现遗址东西有两条大冲沟，认为可作防御之用，后经认真观察发现沟壁及土柱壁上都有文化层堆积，由此证明当初这些冲沟并不存在，应是遗址形成后出现的。并由此推论当时的居民是住在平原之上的，还认为整个华北的地形地貌大致如此。他在青海发掘朱家寨遗址时，发现出土人骨散乱，检查地层又无扰乱迹象，不得其解。后经研究得知这是 1920 年当地大地震所致。安特生、袁复礼都是地质学家，对每一个遗址都要进行认真的测绘工作。他们在河南不仅测绘了 1:100 的总的遗址分布图，而且绘制有 1:2000 的仰韶村南部等高线图、地形剖面图、地形图等。此后对甘、青诸遗址、山西西阴村遗址等都有各种测绘图。他们所开创的在考古学中运用地质学的优良传统是异常成功的经验，在后来的旧石器时代考古中继承了这一传统，而在新石器时代考古中没有引起足够的重视。

地层学和类型学的运用。20 年代在我国主持田野考古发掘的学者，大都对地层学相当重视。如安特生在发掘仰韶村时，他在对整个遗址详细调查的基础上，将发掘地点选在各冲沟的断崖处，布开探沟 17 条，想通过探沟了解整个遗址范围内各地段的地层情况。考古学上开挖探沟的作法是了解古文化遗址堆积情况的一种行之有效的重要手段，安特生通过布开探沟了解地层的作法在中国近代考古学史上当属首创。李济在西阴村发掘时，对遗址和发掘地点的选择更加认真，他在晋南考古调查的基础上确定对西阴村发掘，在整个遗址上又选择在遗址边缘的断崖处布开探方，想从小面积的发掘了解遗址的地层堆积情况。在发掘过程中为了解各探方之间的横向关系，于相邻探方之间留有土柱，以便相互参考。这种作法是后来留隔梁或关键柱的雏形。李济开探方的发掘方法，在中国近代考古学史上也属首次，此种方法对了解遗址某地段的地层情况及遗物出土情况比探沟法要更全面一些，而且比较准确方便。

类型学是通过对古文化遗存的形态排比，以确定遗存的时间与空间关系的理论和方法，是研究各种遗物遗迹形态演化顺序的方法论，在近代考古学上占有相当重要的位置。20 年代的安特生、李济和梁思永在类型学研究方面都为我们做出了开创性的贡献。如安特生在研究仰韶村及甘青诸遗址的出土遗物时，对器类的划分是非常正确的，将仰韶村的石器分为石刀、石锛、石斧、石凿、石镞、石环、石杵、石瑗等，将骨器分为骨镞、骨针，将陶器器形分成陶尖底器、陶鼎、陶鬲、陶碗、陶杯等，将陶器的颜色分为单色陶和着色陶，同时对陶器的质料和纹饰也有较详细的描述。他在甘青诸遗址的发掘中，明确的地层发现很少，但能把甘青史前文化分为六期，而且将征集收购来的大批陶器通过对比研究使其各有类别的归宿，这主要是运用类型学的方法。他的六期分法固然有许多错误，但这主要是各期相对年代的错误，而不是文化性质的问题，从陶器群来看他的结论基本是正确的。李济对西阴村出土遗物的类型学研究比较简单，对陶器的分类有些不当。但他运用类型学原则比较了西阴村、仰韶村及甘青史前文化的异同，认为西阴村与仰韶村的关系最接近。从制作技术来看，他认为中亚和近东的彩陶比不上仰韶。他对各地的彩陶对比研究后认为安特生彩陶源自西方的假说是靠不住的。这些观点现在来看也都是正确无误的。梁思永是我国第一个在国外攻读考古学的专家，他在美国哈佛学习期间曾专门回国对西阴村出土陶器进行了专题研究，其成果题为《山西西阴村史前遗址的新石器时代的陶器》，1930 年用英文出版。他在这一专著中运用类型学的方法，将第四探方出土的陶片，从质料、质地、颜色及纹饰等进行分析，区别出五个级数的分类，又将该探方 33 个小层 4 个大层的陶片进行数量和百分比的统计，进而又统计彩陶及其他陶片的分布规律。这比李济对西阴村陶器的研究更深入、更科学了。他还把陶片分为口沿、器底、柄、把四个种类，对每个种类进行型式划分，以便了解器物的形态特征。他将陶器的这些易于变化的部位抓住认真分析，可谓抓住了陶器的关键，对西阴村整个陶器的认识起到了重要作用。梁思永对西阴村陶器的研究为我国 30～40 年代考古类型学的形成和发展奠定了基础。

提倡多学科合作研究的方法也为中国考古学创立了优良传统。20 年代多数学者为了全面了解中国史前文化的面貌，在调查、发掘和研究中大都采取多学科合作的方法。如对沙锅屯的发掘是安特生和体质人类学家步达生合作的；仰韶村的发掘是安特生主持的，古生物学家师丹斯基、地质学家袁复礼及步达生参加的；西阴村的调查和发掘是李济和袁复礼合作的。在研究方面多学科的合作更为频繁。如沙锅屯的考古材料由安特生研究，人骨由步达生研究，动物骨骼由美国国家博物馆米勒（G S.Miller）博士研究。河南仰韶村等遗址的考古材料由安特生研究，陶器由阿尔纳研究，人骨由步达生研究，陶器上的植物种子印痕由瑞典植物学家爱德曼（G.Edman）研究，被鉴定为一种水稻壳的痕迹，动物骨骼由瑞典的达尔（Edahr）博士研究。西阴村的考古材料由李济研究，地形、地貌、石器质料和岩性由袁复礼及李学清研究，软体动物由美国古生物学家葛利普研究，蚕茧由清华大学生物系刘崇乐教授研究。通过多学科的合作研究，得出了很多正确的科学结论，对中国考古学走向成熟是一个良好的开端。

注　释

[1] 安特生：《中国史前史研究》（英文版）第 9~12 页，*BMFEA*，No.15，1943 年。

[2] 安特生：《黄土的儿女》（英文版）第 164 页，1934 年版。

[3] 同注［2］第 164~165 页。

[4] 安特生：《中华远古之文化》第 11~21 页，地质汇报第五号，农商部地质调查所，北平，1923 年。

[5] 安特生：《奉天锦西沙锅屯洞穴层》，古生物志丁种第一号，1923 年。

[6] 安特生：《河南史前遗址》（英文版）第 109~110 页，*BMFEA*，No.19，1947 年。

[7] 同注［2］第 165~166 页。

[8] 陈星灿：《中国史前考古学史研究》第 119 页，生活·读书·新知三联书店 1997 年版。

[9] 安特生：《甘肃考古记·导言》，地质专报甲种第五号，农商部地质调查所，北平，1925 年。

[10] 同注［9］第 226~228 页。后在《中国史前史研究》一书的第 160 页改为马厂期文化。

[11] 见 M.Bylin—Altyin."The site of chi chia ping and Lo Han Tang in kausu"，*BMFEA*，No.18，1946.

[12] 安特生：《朱家寨遗址》（英文版），*BMFEA*，No.17，1945 年。1991 年刘宽文译成中文本，青海人民出版社出版。

[13] 朱家寨遗址的资料发表在 1945 年出版的第 17 号上；齐家坪和罗汉堂的资料发表在 1946 年出版的第 18 号上；仰韶村等河南诸遗址的资料发表在 1947 年出版的第 19 号上。

[14] 李济：《安阳——殷商古都发现、发掘、复原记》第 46 页，中国社会科学出版社 1990 年版。

[15] 李济：《西阴村史前的遗存》，清华学校研究院丛书第三种，1927 年版。

[16]［17]［18] 同注［4］第 6~8 页。

[19] J.G.Andersson，"Arkeologiska frnd provinson kausu"，*Ymer* 44，1924，

pp. 24~35.

［20］安特生著，乐森珥译：《甘肃考古记》第 36~39 页，地质专报甲种第五号，农商部地质调查所，北平，1925 年。

［21］阿尔纳著，乐森珥译：《河南石器时代之着色陶器》，古生物志丁种第一号第二册，农商部地质调查所，北平，1925 年。

［22］同注［20］第 42~43 页。

［23］严文明：《仰韶文化研究》第 332 页，文物出版社 1989 年版。

［24］顾颉刚编：《古史辨》第一册第 50 页，上海古籍出版社 1982 年版。

二 仰韶文化研究的初步发展（一九三一~一九三七年）

（一）仰韶文化遗址的调查和发掘

20 年代仅有几位地质学家、人类学家和个别的考古学家犹如拓荒者一样，开创了中国的田野考古事业，调查发现了仰韶文化。当时殷墟（小屯）的发掘也已进行过多次，对商文化已有了一定的了解。同时，以黑陶为特征的龙山文化虽然刚刚面世，但已经给学术界提出了新的问题，诸如小屯与仰韶、龙山与小屯、龙山与仰韶的相对年代问题、三者的关系问题、中国文化的起源问题等，都突出的摆在学术界的面前，尤其是考古学家应该担负起解决这些问题的重担，此乃中国考古学进入30 年代的重要任务。1931～1937 年，抗日战争爆发以前，中国社会相对比较稳定，包括中国考古学在内的各门学科都得到了初步发展，比如对周口店中国猿人遗址的发掘，已从挖掘人类和动物化石转向了古人类及旧石器时代文化的发掘研究，对仰韶文化、商文化及龙山文化的研究开始向纵深发展。但仰韶文化并不是孤立的，它和殷商文化、龙山文化都有密切的关系，所以在介绍仰韶文化的发现和研究工作时，不可避免的要提及殷周和龙山文化的工作情况。

后岗遗址

后岗遗址发现于 1929 年中央研究院历史语言研究所考古

组对殷墟的第二次发掘期间，当时因人力不足而未立即发掘。
1930 年忙于对城子崖的发掘。1931 年对殷墟进行第四次发掘
时，发掘团内同仁都有"要了解小屯必须先探四境"的看法，
决定由梁思永等发掘后岗遗址[1]。后岗遗址位于今安阳市西
北约 3 公里的高楼庄以北的高岗上，北临洹河，正落在一个小
湾南岸的舌形地上，岗之西北是高约 12 米的黄土壁，东北是
一片河水沉积的沙滩，东距京广铁路 250 米，其间是一片低洼
地，南、西与高楼庄、薛家庄相接，地势平坦。梁思永为了慎
重起见，于发掘前两天，又和吴金鼎到后岗作最后一次考察，
采集了一些标本。发现岗作不规则的长圆形，范围为东西 220
米、南北 300 米，最高处偏北，岗面平坦，除东北角约低 1 米
外，西、南、北三面的斜坡很小，东面却下跌 3 米为低地。在
认真调查的基础上，决定发掘布坑（方）位置，即从最高处向
东西南北挖掘纵横交叉的两道沟，以探视全岗遗存内容的大
概。

对后岗遗址的发掘，共进行了两次，第一次发掘是 1931
年春，实际工作日 18 天。发掘工作由梁思永负责，吴金鼎、
刘燿参加。计开探坑 25 个（支坑在外），合计发掘面积 216 平
方米。岗西的探坑最深，上部扰乱严重。在岗东的探坑内发现
白灰面。岗南的面积最大，开探坑也多，在探坑内发现白灰面
被小屯（商）式的灰坑打破的情况，小屯灰坑又被清代墓葬打
破。第二次发掘是 1931 年秋，实际工作 19 天。发掘工作仍由
梁思永负责，刘燿和张善参加。计开探坑 20 个（支坑在外），
合计发掘面积 385 平方米。

后岗遗址的地层与文化层情况，经过两次发掘之后，发掘
者将各种不同颜色的土层归成三大层。第一层，以浅灰色土为

主，土质颇松，与小屯灰土相似，在岗上各区均居遗存之上层。第二层，以绿色土为主，土质粘性大，在岗之中北部居遗存之下层，在西南部居上层，在东南部占遗存全层。第三层，以深灰色土为主，土质粘性大，在全岗皆居遗存之下层。这三层的关系是：第一层在第二层之上，第二层在第三层之上。它们在岗上的平面分布为：第一层仅限于岗之中心最高处，第三层仅限于岗之西南都、只有第二层布满全岗。它们的厚度有深有浅，第一、三层平均厚度 1.5 米，第二层厚达 4 米。各层自身的厚度也不一样、一般是层的中心最厚，向外逐渐递减。发掘者依据发掘的地下实际情况，假设出一个从岗之西南到东北开挖一条直线剖面，所绘的剖面图，乃是后岗遗址整个遗存最理想的剖面图（图三）。后岗的一、二、三层，除了含有不同的土质土色外，还包含有不同的文化遗物，即：上层是白陶文化（即小屯文化）的遗物，中层是黑陶文化（即龙山文化）的遗物；下层是彩陶文化（即仰韶文化）的遗物。各层所包含的遗物中，均有地层关系，实为中国考古学上极为重要的发现。为研究当时所认识的彩陶文化、黑陶文化与白陶文化的关系提

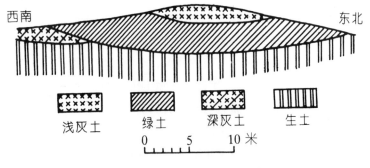

图三　后岗遗存的理想剖面图

供了重要的科学依据。

通过对后岗遗址的发掘，发现一些重要遗迹和遗物。在中层发现白灰面8处，其中比较完整的一处，呈圆形，中部有一圆形黑色面。白灰面的发现在中国考古学上尚属首次。同时在上文化层中发现和小屯同样的经过抟抹的长方形坑一个，发掘者认为这可能是"祭山林川泽"或他种祭祀的坑，出土遗物不但丰富而且典型。下文化层出土有彩陶钵，红地红花，基本母题是三道或四道平行的短线，排列组成简单的花纹；灰陶鼎，质粗、圜底、长方形实足中都有沟，与仰韶村出土的鼎不同。在中文化层发现方格纹、宽压纹陶片，骨、石箭头及骨凿等，属黑陶文化无疑。上文化层的遗物与小屯所出完全相同。

高井台子遗址

1931年梁思永等在后岗遗址发现小屯、龙山与仰韶的三叠层后，引起了历史语言研究所同仁的普遍重视。1932年初王湘发现高井台子遗址，采集了一些黑陶、红陶和石器标本，认为值得发掘，遂报领导批准并办了发掘手续，由吴金鼎主持，王湘参加试掘。试掘工作于1932年4月8日至16日进行。高井台子遗址位于安阳市北洹河北岸侯家庄西北约500米处，南临洹水，断崖上有灰层和陶片暴露。计开长方形探沟33条，每个探沟长10米、宽1米，视遗物分布情况也有不规则形的。先在崖下发掘不理想，遗迹遗物甚少，于是"各人乃拟定阵容，按'照草下锄'之方法，就灰土层及红烧土所在地点而开新坑，坑形无定，随遗物的堆积之情形而异。作过数坑之后，即得极有兴味之发现"[2]。可见发掘者在实际发掘过程中，是从实际出发的，当开始发掘的坑位不理想时，立即决定采用打探（即钻探）方法进行钻探，初步掌握了该遗址地下堆积情况以后，重新布开探坑，形状不定，视地下堆积情况而异。这里为后来的田野考古发掘提供了一条随机应变的成功经验。通过对新坑的发掘，获得的地层情况，报告编写者称："吾人发现此地之表面一层有细柄豆及灰色陶片，与龙山浅处颇有相似之处。掘破此层之后，便不外乎下列几种可能：（一）纯粹仰韶式物，以下即为生黄土，吾人名之为仰韶区。（二）类似龙山下层之物，不过未见纯正之黑陶，而单见厚片之黑陶。且有带刻纹者，大概较龙山黑陶为晚，吾人名曰黑陶区。（二）先出黑陶再出仰韶，换言之即灰陶、黑陶、红陶，二层文化相压置。吾人名之为二层区。就发掘诸坑而论，纯仰韶区大概去河较近，黑陶区去河较远。其二层相压之区，自然在两区之边界上"[3]。出土遗物，仰韶区陶器带彩者极少，颜色单纯，器形简单，石器仅在刃部磨光，加工粗糙。黑陶区出土之黑陶片有带刻纹的，石器加工精细，器形复杂，并有卜骨出土，整个文化面貌较仰韶进步。

大赍店遗址

大赍店遗址是 1932 年 4 月初历史语言研究所郭宝钧和马元材在淇县考古调查时发现的，由郭宝钧主持，刘屿霞、刘燿、王湘等参加，5 月初派刘燿、吴金鼎、王湘等对浚县大赍店遗址进行发掘。该遗址位于浚县西 30 公里的淇河东崖大赍店村南约 300 米处，西距京广铁路约 0 5 公里，为河旁台地，地势较高。发掘前刘燿等作过认真调查，发现遗址西部曾受淇河水冲刷，东部为路沟所毁，南部为斜坡地，北部也有破坏，但整个遗址保存较好，其范围东西宽 300 多米、南北长 400 多米。地面陶片稀少，但路沟剖面有白灰面及黑色陶片暴露，在西南斜坡处散布有红色和带彩的陶片，相当丰富。发掘前刘燿

二 仰韶文化研究的初步发展（1931～1937年）

对整个遗址作出发掘规划，即将整个遗址分为三区，东区布方编号从 T001 开始到 T100 为止，中区从 T101 至 T300，西区从 T301 至 T400。预计将这 400 个探方发掘后便能将整个遗址的地下遗存呈现出来。正式发掘始于 1932 年 5 月 5 日，实际工作 14 天。先在东区布开探坑 17 个，后在西区布开探坑 19 个，总计发掘面积 230 平方米。大赍店遗址的地层和文化层情况比较复杂，从报告所反映的情况看，东区可分为四层：第一层农耕土，深 0～0.40 米。第二层黄灰土，深 0.40～2.0 米，出灰色绳纹陶片，细柄豆残片，并有近代瓦片混入。第三层灰土或深灰土，深 2.0～3.5 米，出有白灰面建筑遗迹和窖穴，遗物有鼎、鬲、甗、篮纹罐、方格纹罐、绳纹罐、盆、碗、豆、圈足盘及陶纺轮等，器形相当复杂，陶色多为黑光油亮，也有灰色的。石器有斧、刀，磨制精细，刃部锋利。骨器有锥、针，皆残，卜骨一件仅有灼痕，较小屯的原始。蚌刀数量较多，有的有孔有的无孔，多实用。第四层胶褐土，深 3.5～4.2 米，出红陶钵、鼎及小口尖底瓶残片特多，钵、瓶为深红色，鼎为淡红色，另有彩陶一块，红地红彩，纹饰简单，只是几条平行线的排列，与后岗下层所出完全相同。石器多斧、刀，磨制粗糙，加工简单。西区文化层较浅，农耕土下大致可分为两层，即上文化层所出遗物与东区第三层相同，下文化层所出遗物与东区第四层相同。发掘者认为大赍店遗址的地层情况是继安阳后岗、侯家庄高井台子发现小屯、龙山与仰韶三叠层之后的又一处含有三叠层的重要发现，刘燿在发掘报告中指出："大赍店史前遗址的发现，它同样是三层文化的积压，和后岗及侯家庄相似。它和后岗不同的地方，只是没有上层白陶文化层（即小屯期），而有相似于侯家庄上层的灰陶文化层。"

并认为大赉店出土彩陶纹饰的基本母题以及钵的形制、鼎足的样式及小口尖底瓶的口部残片等均与后岗出土仰韶文化陶器的特点相同或相似。大赉店出土的白灰面、鬼脸式鼎足、篮纹罐、方格纹罐等都与后岗出土的黑陶文化遗存的特点相同[4]。

刘庄遗址

刘庄遗址位于浚县西 30 公里的淇河东岸（现属鹤壁市），遗址中心在村南的河边台地上，1933 年初石璋如、王湘在浚县考古调查时发现，断崖有灰层暴露，地面有龙山和仰韶陶片散布，面积约 12.4 万平方米。同年 3 月、5 月进行了两次发掘。发掘工作将遗址分为南北两区，计布开探沟 45 个。经发掘发现上层为龙山文化，下层为仰韶文化，地层叠压关系清晰。但从彩陶纹饰来看可能较后岗下层、高井台子下层、大赉店下层的仰韶文化遗存为晚，属于仰韶晚期的遗存[5]。

郑州至巩义之间的诸遗址

1935 年郭宝钧、赵青芳、韩世哲等一行到郑州、荥阳及巩义调查和试掘。于同年 5 月调查试掘巩县的塌坡遗址，发现仰韶文化的彩陶、红陶和石斧等，并在地表采集有龙山陶片。发掘者认为这里主要是仰韶文化遗存，龙山文化的居民可能在此也居住过。在发掘塌坡的同时，由韩维周试掘了附近的马峪沟遗址，共开探坑 7 处，发现纯为仰韶文化遗存，文化层厚达 2.4 米，内涵丰富。又由郭宝钧试掘了东陈沟敖马顶遗址，发现纯为仰韶文化遗存。1934 年秋郭宝钧等在荥阳县广武乡青台、峨嵋岭遗址进行试掘，发现仰韶文化分间房屋遗址[6]。

同乐寨遗址

同乐寨遗址位于安阳市西北秋口村西南废同乐寨内，遗址西、南两面临洹河，为河边台地，1934 年 5 月刘燿、石璋如调查发现。同年秋历史语言研究所对殷墟进行第十次发掘期间，由梁思永主持，石璋如、胡厚宣等参加，发现仰韶、龙山、小屯及汉代的地层叠压或打破关系。地层堆积清晰，包含丰富，石璋如称"为发掘以来所罕见的标准遗址"。下层为仰韶文化，有窖穴等遗迹，遗物较少，多为陶片；中层为龙山文化，有窖穴、陶窑、白灰面等遗迹，有常见的黑陶诸器形，还有琢磨精制的石镞、石刀、石斧等；上层为殷墓，随葬的有铜爵、铜觚等；汉墓中有残铜鼎出土。整个堆积以龙山文化最为丰富，往往有完整陶器出土[7]。

豫北调查

1935 年 1 至 4 月，石璋如、赵青芳赴汤阴、辉县、温县、武陟、沁阳、孟县、济源、获嘉、内潢等考古调查，采获大量石器和陶器，发现仰韶、龙山遗址多处。

陕西关中诸遗址

1933 年北平研究院考古组主任徐炳昶带队，常惠、张嘉懿、何士骥参加，对关中地区渭河流域开展大规模的考古调查工作，目的是调查周秦早期文化，同时也发现了不少史前遗址和遗物。在西安东郊发现米家崖遗址，含仰韶文化和龙山文化；在长安县沣河流域发现有秦渡镇、冯村、大原村等仰韶文化遗址；在宝鸡发现有姜城堡仰韶文化遗址。在这些遗址上采集到大量的石器、骨器及仰韶文化红陶和彩陶片。1934 年北平研究院与陕西省组成陕西考古会，由徐炳昶任主任，4 月至 6 月发掘了宝鸡斗鸡台遗址。发掘工作将整个遗址分为二区，一为废堡区即陈窑祠后的土堡内，开挖探方 2 个，一为土堡东的戴家沟东面的沟东区，开挖探方 4 个。上半年的工作由徐炳昶、何士骥、张嘉懿、白万玉等参加。下半年的发掘从 11 月至 1935 年 5 月，由白万玉、何士骥、苏秉琦、龚元忠参加。1937 年 4 月至 6 月发掘沟西区，由孙文清、白万玉、龚元忠、陆式熏参加。废堡区多为秦汉以后的文化遗存，沟东区和沟西区则有新石器时代的文化遗迹和遗物，其堆积往往被周秦墓葬所打破。对斗鸡台遗址的发掘，因抗日战争爆发而停止。苏秉琦将沟东区的发掘资料进行了整理并发表。斗鸡台遗址的史前文化遗存相当丰富，它含有老官台文化、仰韶文化和客省庄二期文化的遗迹遗物。如《斗鸡台沟东区墓葬图说》图版五之三的瓦鼎，与北首岭下层的三足钵相似；B 型联裆单耳陶鬲显然与客省庄二期的单耳鬲相似[8]。

（二）考古新发现促进了对仰韶文化研究的深入

自安特生发现并初步研究了仰韶文化之后，人种问题即仰韶文化人与现代华北人的关系问题，经步达生的研究也已得出令人信服的结论，他认为沙锅屯、仰韶村及甘肃诸遗址发现的人骨的体质特征"均似现代北支那人即所谓亚洲嫡派人种也"[9]。也就是说仰韶文化的人种是中国现代人祖先的看法已经成为定论，并得到中外人类学界的共识。但仰韶文化与中国三代文明的关系问题，仍然是学术界关注的焦点。20 年代末期中央研究院历史语言研究所考古组对殷墟小屯的发掘，极大的丰富了学术界对商文化的认识，由此而产生的仰韶文化与小屯文化的关系问题更加突出的摆在学者面前。同时在黄河下游的中国东部地区又发现了以黑色陶器为主要特征的新石器时代龙山文化遗存，从而又产生了小屯与龙山、仰韶与龙山的关系问题。进入 30 年代又有后岗等一连串的重要发现，为讨论和认识这些问题提供了大量的重要资料。

1. 仰韶文化与商周文化的关系

当安特生发现仰韶文化时，在中国尚无可资对比研究的新石器时代考古资料，他只能和外国（中亚、西亚和欧洲）的史前考古资料相比照，以及与中国历史时期初期已有的资料对比研究。和外国资料对比研究的彩陶传播流向、年代估计等多有失误，已见前述。和商周文化相比，他认为仰韶文化和商周文化具有相当密切的关系，仰韶村出土的陶鬲是周代铜鬲的祖形，仰韶文化的石刀、石斧、石锛等均为中国历史时期的铜器时代、铁器时代同类器物的远祖，这些器物"则可于中国北部土中得之，足为近今与远古文化连接之实证"。所以他认为仰韶文化是"中华远古之文化"，仰韶文化和中国的三代文明是一脉相承的。这在批判"中国无石器时代"的错误观点中是有重要意义的，但进一步研究时，似乎还有问题。在当时的学术界普遍认为仰韶文化与商周文化之间不仅存在着年代的问题，而且在文化特征方面也存在着不少的问题。梁思永在他的《远东考古学上的若干问题》一文中认为，中国新石器时代的仰韶文化与历史时期的青铜文化的关系尚不清楚，殷商发达的青铜文化似乎突然出现，在它之前应该有一个发生、发展的过程，但在中国至今尚未发现原始形制的青铜器。也就是说在中国已知的仰韶文化与殷商青铜文化之间应该存在着相隔多少年的问题，以及文化的缺环问题[10]。1928 年至 1929 年对安阳殷墟小屯连续进行发掘之后，由于殷商文化的各类遗物大量发现，对商文化的面貌有了较多的认识之后，人们开始认识到仰韶文化与殷商文化之间的距离。尤其是李济在第三次（1929 年）

对小屯的发掘中，在下层发现了一件属于仰韶的彩陶片，更引起重视。他在《小屯与仰韶》一文中专门讨论了它们的关系问题。他通过对二者的分布情况和文化特征的对比研究后，认为殷商文化与仰韶文化有一定的传承关系。但比较疏远，二者的个性要多于共性，殷商文化的直接前身不是仰韶文化，可能另有一个来源[11]。这比安特生一脉相承的看法又向前进了一步。但殷商文化源自何地，李济并未作出肯定的答复。而徐中舒先生则在其《再论小屯与仰韶》一文中回答了这个问题。根据古史传说资料考察殷商文化和仰韶文化的基本情况，从二者的地理分布、风俗习惯、饮食、衣服、语言文字、冠带、束发、婚媾、伦常、动物花纹、铜器纹样等的不同，他认为二者"必各有其源流"，仰韶文化应为虞、夏民族的文化，殷商文化应是由别处移植来的。从何处来呢？他认为"殷民族颇有由今山东向河南发展的趋势……我以为小屯文化的来源当从这方面去探求，环渤海一带，或者就是孕育中国文化的摇床"[12]。可见徐中舒先生的观点比李济的认识更加明显，他断然否定了殷商文化与仰韶文化的传承关系，直接指出殷商文化的源头在环渤海一带，将仰韶文化归属胡系的虞、夏文化，与夏、商、周一脉相承的传统观念相对立。徐中舒的不承认夏、商、周一脉相承的认识并未被学术界所采纳，但他提出的中国文化应源自东方的意见在当时的古史界是有一定代表性的。当时的历史语言研究所所长傅斯年于1931年春写的《夷夏东西说》中，明确地提出中国东西部属于不同的文化系统[13]。从这里可以看出，中国东西部可能存在着不同文化系统的学术思想这一观点，在1930年对城子崖遗址发掘以前历史语言研究所同人已经有了比较充分的酝酿，大家都盼望着在中国东部能发现一种新的古文化遗存。

正当学术界寻找殷商文化发源地可能在中国东部地区的同时，清华大学国学研究院研究生吴金鼎在山东历城县龙山镇发现了新石器时代的城子崖遗址，1930年冬及1931年冬由李济、梁思永分别主持对此遗址进行了大规模发掘，收获相当丰富，同时在临淄一带也发现与城子崖文化性质相同的遗址，遂命名此为龙山文化。龙山文化的发现在中国考古学史上有着相当重要的意义，因为它以其独特的面貌，昭示着我国东部确有一个不同于彩陶文化的古老文化，这里黑色发光像漆一样的蛋壳陶的制作，表示着这一文化已有高度发达的技术，这里的卜骨、黑陶豆及白陶鬶等与殷墟所出者相近，尤其较原始的卜骨更使人认识到殷商文化与龙山文化有密切关系。李济在《城子崖·序》中指出："有了城子崖的发现，我们不但替殷商一部分文化的来源找到了一个老家，对于中国黎明期文化的认识，我们也得了一个新阶段"[14]。傅斯年对龙山文化的发现也给予了高度评价，他认为在中国东部发现龙山文化与在中国西部发现仰韶文化同样重要。

2. 后岗三叠层的发现是解开中国史前文化之谜的钥匙

1930年龙山文化的发现对学术界寻找殷商文化的源头具有相当重要的意义，同时又使人们得知在中国东部发现的以黑陶为特征的一种史前文化与中国西部的仰韶文化迥然不同。那么，小屯、龙山与仰韶三者的关系如何呢？城子崖的发掘并没有发现小屯与龙山直接叠压的地层关系，它们的先后关系不明确，至于仰韶和龙山的关系更是无从谈起。也就是说龙山文化的发现又给人们提出了新的问题，即小屯、龙山与仰韶三者的年代谁先谁后的问题。

1931年历史语言研究所考古组计划对安阳进行第四次发掘，由李济率领全组出动，当时大家认为若要了解小屯文化必须先对其周围诸遗址的情况有所了解，又加1930年对城子崖的发掘，发现龙山文化的一些特点和小屯文化接近的情况。由此，使安阳发掘团"产生了扩张工作范围的计划，而计划中之第一处就是后岗"。对后岗遗址的发掘，安阳发掘团委派梁思永负责。1931年春、秋，他负责对后岗遗址发掘了两次。第一次发掘即发现了小屯与龙山文化的线索，但不明确。到第二次发掘才搞清了小屯、龙山与仰韶的关系，即发现了三者的地层叠压关系。"我们于是知道龙山文化的时代早于小屯，而仰韶文化又早于龙山。我们所得的证据就是考古学上最实在最简单的地下自然的层次"[15]。

鉴于梁思永在后岗遗址发现小屯、龙山与仰韶三种文化地层的叠压关系，对后来的田野工作起到了重要的示范作用。自此以后又有多处遗址发现了和后岗类似的地层叠压情况，诸如：1932年春对安阳侯家庄高井台子、浚县大赉店遗址的发掘，1933年春对浚县刘庄遗址的发掘，都发现了龙山文化与仰韶文化的地层叠压关系。1933年冬对小屯D区的发掘发现了小屯文化与龙山文化的地层叠压情况。1934年冬对安阳同乐寨遗址的发掘，发现下层为仰韶文化、中层为龙山文化、上层为殷商文化的地层叠压关系。这一连串的重要地层叠压关系的发现，为研究中国考古学上已发现的仰韶、龙山与小屯三种文化的关系以及它们的相对年代、先后次序，提供了重要的科学依据。著名史前考古学家安志敏指出："后岗三叠层的发现，更是划时代的重大事件。……这是中国近代考古学开始跨入成熟阶段的显著标志，也是梁思永先生的重大贡献之一"[16]。

3. 仰韶文化与龙山文化二元对立学说的形成

20 年代末对安阳殷墟小屯遗址的发掘，使人们对殷商文化的认识有了一定的提高。当学术界对新发现的小屯文化与仰韶文化相比较时，发现它们的关系并不是一脉相承的，而小屯文化当另有来源，并推论应该到环渤海一带的大平原去寻找。当龙山文化发现以后，遂使这一推测的假说得到了初步验证，使学术界兴奋异常，认为殷商文化的老家已经找到。至此，仰韶文化与龙山文化二元对立的学说已经得到了初步认识。后来又有后岗三叠层等一系列有关仰韶文化与龙山文化地层叠压关系的发现，经过梁思永的研究，仰韶文化与龙山文化在黄河流域东西部二元对立的学说作为一个理论体系在学术界开始形成。梁思永的重要论文《小屯龙山与仰韶》为这一学说的代表作。这是梁思永根据他对城子崖、后岗等遗址发掘的实践体会以及豫、鲁、晋、陕等地已发现的有关龙山文化、仰韶文化的资料进行综合研究而撰写的。他在对龙山文化与仰韶文化的关系进行研究时，是以后岗龙山层与仰韶村、不招寨出土的遗物进行比较研究的。他发现二者有不少相似的地方，如鬲、甗、甑、仰口杯、钻洞圈足、光面黑色和灰色、篮纹和方格纹陶片等，在城子崖下层是很普遍的东西，而在出彩陶的遗址里只见于仰韶村和甘肃彩陶文化的后三期。不但在甘肃仰韶文化前三期的遗址里不见这几种陶器，就是夏县西阴村仰韶遗址也没有这几种陶器，由此他认为龙山文化与仰韶彩陶文化曾发生过密切的关系。但他却未发现安特生在仰韶村发掘时将地层搞混的失误，所以他的结论也因此受到一定的局限。梁思永在说明龙山文化与仰韶文化的密切关系时说："这关系可以有两种的解释：一、仰韶村本是彩陶文化的领土，被龙山文化侵入；二、

仰韶村本是龙山文化的领土，被彩陶文化侵入。……我们现在
对于这两种文化的知识虽然还不允许我们绝对的采取一种解
释，但是所有的证据都指向第一个"。并举出四条理由，进行
论证后所得结论是："仰韶彩陶文化自黄河上游向下游发展到
河南北部的安阳县高楼庄后岗和渑池县仰韶村之后，自黄河下
游向上游发展的龙山文化才侵入河南北部。这先到后岗，占领
了彩陶文化早期就废弃的遗址。后到仰韶村，遇着发达已过了
最高点的彩陶文化"[17]。这就是梁思永关于仰韶文化与龙山文
化二元对立的主要观点。陈星灿在其《中国史前考古学史研
究》中，对上述梁思永的观点进行了概括，他说："梁思永在
后岗的发现已经清楚的告诉我们，至少在豫北地区，小屯商文
化晚于龙山文化，而龙山文化又晚于仰韶文化。梁思永通过这
个地层关系对整个仰韶文化与龙山文化关系的分析有以下几点
值得注意：第一，在考古学上第一次提出仰韶文化自西向东发
展，龙山文化自东向西发展，两者的中心分别位于黄河流域的
偏西和偏东部分，实际上即是说在中国东西部存在着仰韶文化
与龙山文化二元对立的史前文化。第二，龙山文化与仰韶文化
属于两个不同的系统，由他所谓仰韶村出土的'龙山式的器物
是外货，或是受了外来影响的产物'的结论看，他显然已经开
始把仰韶村的遗物看成是两者混合的文化而没能认识到发掘导
致混乱的可能性。这种观点一直到五十年代还统治着中国的史
前考古学界"[18]。

梁思永研究龙山文化和仰韶文化的关系自然是考古学本身
的需要，但目的是为了寻找中国文明的源头，探索中国文明的
起源问题。他关于小屯文化与龙山文化关系的研究正是对中国
文明源头的探索。当他将小屯文化与龙山文化进行对比研究之

后，他认为龙山文化与小屯文化不是衔接的，小屯文化的一部分是由龙山文化承继得来，其余不是从龙山文化承继来的，那部分大概代表一种在黄河下游比龙山晚的文化。这文化在它没有出现于小屯之前必有一段很长的历史。要想解决殷代青铜、文字、兽形装饰的问题，还有待于这（小屯文化前身的）文化的遗存的发现。由此可以看出，梁思永通过对小屯文化与龙山文化对比研究所得出的结论，很清楚的表明中国文明最有代表性的文化特质——文字和青铜器等，是从黄河下游龙山文化之后小屯文化之前的那一时期发展而来的。至此，中国新石器时代的仰韶文化和龙山文化东西二元对立的学说，才真正形成为完整的体系。仰韶文化与龙山文化东西二元对立的学说形成以后，在中国学术界被广泛接受，它一直到五十年代中期对豫西庙底沟遗址的发掘，获得了重要发现之后，才逐渐被人们所摒弃。这一学说在中国考古学界及古史学界影响极深，占据重要地位达二十多年，后因考古资料的增加，才知道它是错误的。

（三）地层学和类型学的改进为中国考古学发展奠定了坚实基础

如果说 20 年代是寻找仰韶文化的时代，那么，30 年代就是寻找龙山文化的时代。当 20 年代末学术界正在酝酿殷商文明的源头可能在黄河下游环渤海一带的时候，恰好 1928 年至 1930 年在山东历城龙山镇城子崖的调查发掘，发现了以黑陶为特征的龙山文化。由此遂使学术界对龙山文化产生了浓厚的兴趣，在短短的七八年间在山东沿海、皖北、豫东、豫北、豫中以及杭州湾一带，就当时认识而言，调查发现了龙山文化遗址 70 多处。同时在豫北与郑州至洛阳以及关中一带调查，发现仰韶文化遗址数十处之多。在考古调查的基础上对纯粹仰韶文化遗址、仰韶龙山共存的遗址、纯粹龙山文化遗址，以及仰韶、龙山、商文化共存的遗址有计划地试掘或发掘了 20 多处，收获都很丰富，有很多重要发现。通过这些大面积、大规模的考古调查和发掘，不仅为我们积累了大量的科学资料，而且反映了中国考古学繁荣兴旺的局面，尤其是对地层学和类型学考古技术方法的改进和重视，为中国考古学、中国史前考古学以及仰韶文化研究的健康发展奠定了坚实的基础。

1. 地层学方法的改进

在 20 年代田野考古工作的基础上，中国考古学家自 1931 年以后在考古发掘技术尤其在地层学方面有了很大的改进，并取得了突破性的进展。1930 年秋和 1931 年秋由李济和梁思永主持发掘城子崖遗址，从发掘报告中可以看出是采用按水平层位发掘的发掘方法观察地层和记录出土遗物的。但 1931 年梁思永主持对后岗遗址的发掘，却是采用按文化层发掘的发掘方法。在这里第一次发现了仰韶、龙山与小屯商文化三种文化的地层叠压关系，对中国早期古文化的研究极为重要。对后岗的两次发掘资料，集中在梁思永的一篇论文和一篇简报中[19]，具体的田野发掘方法反映的不够详细，但使我们可以看出的大概有以下几点：其一，用开挖探沟的方式，两次发掘在平面上构成东西南北纵横交叉的十字架形。其二，按自然层的土质土色变化区分层位，如图六的 241、243、244 坑的上层除了 0.2 米厚的耕土外，又分为三个土层，上层浅灰土、中层灰褐土、下层深灰土，各层的界线十分清楚。其三，对遗物的统计是按自然层进行的，如 241、243、244、283 及 284 坑的遗物记录

都是以文化层为单位的（见遗物表）。其四，最重要的是发掘
依据遗物的特征，将几个不同的自然层，如上层的浅灰土、灰
褐土、深灰土，中层的绿土，下层的"鸡矢瓣土"、深灰色土，
分别合并为三个大文化层，即上层为小屯、中层为龙山、下层
为仰韶。其五，在后岗发现了大量的白灰面，这是中国考古学
上第一次发现的龙山文化房屋遗迹。以上对梁思永在后岗田野
发掘的方法及地层学成绩的概括，可看出他对中国考古学中的
地层学进行了一次重大的改进，从此结束了过去人为的按水平
层位的发掘，而开辟了以文化层为单位的发掘历史。梁思永对
地层学的贡献，李济在当时就指出："君是一位有田野工作训
练的考古家，并且对于东亚的考古问题作过特别的研究。两年
来他对考古组的组织上及方法上均有极重要的贡献"[20]。尹达
也说："当时在考古发掘的方法上，思永先生起了积极的推进
作用，使中国的青年考古工作者逐渐积累了比较丰富的中国田
野考古的经验"[21]。夏鼐说："先生在学术研究上的贡献，野
外考古工作方面，自加入殷墟发掘团后，对于组织和方法上都
有重要的改进，提高了我国田野的科学水平"[22]。自此以后，
1932 年对小屯 D 区、1934 年对同乐寨等遗址的发掘，都发现
了两种文化或三种文化的地层叠压关系，可见其示范作用之
大。总之，到 1937 年抗日战争爆发，中国考古学的发掘水平
已经比较成熟。李济在 1947 年《中国考古学报》前言中指出：
"那时的田野考古，就组织及训练上说，均渐臻完备"[23]。这
里主要是指地层学方面的情况，即以文化层而不是按水平层发
掘的发掘方法，以及对遗迹的叠压打破关系的正确观察。按水
平层发掘的发掘方法曾是 19 世纪和 20 世纪初十分流行的方
式，安特生和李济早年的田野发掘都采用这种方法，在当时的

欧美著名考古学家也都采用这种方法，只有美国的考古学家祁德（Kidder）认识到按人为水平层发掘的发掘方法是错误的。他认为正确的发掘方法应该是依地层的自然变化而不是任意的划分地层，因为地层的变化并不是统一的等量的。祁德是梁思永在美国学习时的导师之一，因此，梁思永很可能从祁德那里直接学到了按文化层发掘的发掘方法，并很快带回国内运用于田野考古实践中，发扬光大。使中国考古学的田野发掘技术很快得到改进，在地层学方面走上了健康发展的道路。

2. 类型学方法的初步形成

考古类型学是专门研究考古遗迹遗物和纹饰等形态变化规律的方法，是从对遗迹遗物和纹饰等形态的排比中了解它们的规律，并凭借这种规律以推论它们的相对年代及文化性质的。考古类型学的研究方法在我国从 20 世纪 20 年代当仰韶文化发现以后即开始应用，只是由于当时的地层学运用有些失误，即采用水平层位发掘的发掘方法，使类型学不能很好地发挥它应有的作用。但到 30 年代，随着我国考古学的发展，龙山文化及后岗三叠层的发现、考古发掘项目的增加、田野考古经验的积累、地层学的改进，使类型学得到了很大程度的改善。在这一时期梁思永、吴金鼎、刘燿（尹达）、石璋如等以及瑞典学者巴尔姆格伦（N. Palmgren），在考古学研究中都应用了类型学的方法，都取得了优异的成绩，为中国考古学中类型学的初步形成做出了贡献。

梁思永在 1931 年发掘后岗遗址时，他以 241、243、244、283、284 五坑为例，将若干个自然层区分归并为三个大的文化层，就是应用了类型学的原理。如他将 241、243、244 三坑的堆积除耕土层外，将最上的三个小自然层归并为上文化层，因为这三小层出土的遗物相同，又将这些遗物和小屯遗存比较也相同，所以认为"包含他们的上层是属于小屯期是没有疑问的"。中文化层他以 241、243、244 三坑的下层及 283、284 二坑的上层为例，也有几个小层或烧土面或白灰面，也归并为一个文化层，因为它们所含的遗物相同，同时将这些遗物和城子崖下层出土的黑陶相比也相似，因此中文化层应属于龙山期，他说：这些都是在城子崖下层最常见或最特殊的东西，包含它们的中层属于龙山期是没有疑问的。下文化层他以 283、284 坑的下两层为例，将这两小层归并为一个文化层，因为它们的出土物相同，都是仰韶特有或常见的东西，所以这层所包含的无疑是仰韶文化的遗物。可见梁思永采用类型学的方法，在正确划分的若干自然层中，观察其所含遗物的特点，又用这些遗物和典型遗址、典型层位所出典型器物相比较，区分文化性质，归并文化层次，是很合理也是准确的。梁思永在肯定后岗下层属于仰韶文化的基础上，又把下层遗物和其他仰韶文化（安特生的六期）遗址的遗物进行比较，认为后岗下层的陶器质料、形制、花纹等特征都比安特生六期的简单，由此判断可以把后岗下层的文化放到仰韶文化的早期，在仰韶期之前。梁思永于 50 年代初又认为这一看法是欠妥的，但后来随着资料的积累，再次证明它是正确的。

吴金鼎在侯家庄高井台子遗址的发掘报告中，对仰韶文化和龙山文化进行了比较研究，认为龙山文化比仰韶文化进步。他说："此址所出之仰韶期物，陶之带彩者极少，且颜色单纯，形状极简，骨角器就天然料略加磨修以成之，蚌器全无，石器极为单调，盖皆就天然之石灰石片，磨其一边作刃，谓之斧、锛、刀、凿，则无不可。反观其黑陶期情形则不同，其黑陶片有带刻纹者,骨、蚌、石诸器皆有之,且形制皆较复杂,并有卜骨作龙山式。此地之龙山期物,较之仰韶期,显然为进化"[24]。吴金鼎于1935年在英国伦敦留学期间,专门从技术角度对高井台子所出陶器进行了对比研究。在对比仰韶文化陶器时,他说:"按吾人之观察,甘肃、青海之彩陶期形制实与山西、河南所出者不同,二者究竟是否一种文化,实尚有问题"。在对比龙山文化陶器时,他说:"吾人亦发现许多地方的色彩,最显者如高井台子之黑陶,即有数方面与山东龙山之黑陶不同"。同时又将高井台子的黑陶与后岗所出黑陶相比,认为前者早于后者。指出:"(高井台子)黑陶却早于后岗之黑陶。二者显然之别,即后岗黑陶乃系轮制而此址黑陶仍系在转盘上模制"[25]。

刘燿在大赉店遗址发掘报告的结论中,将后岗和大赉店两遗址的中下层即龙山文化与仰韶文化的遗存进行比较研究。认为:"后岗彩陶文化期的彩陶纹饰的基本母题很简单,和大赉店捡得的一块彩陶,几乎完全相同。比如陶钵的形状、鼎足的样式和圈口瓶的口部残片都很相似……两遗址中黑陶期的特征几乎完全相同。遗迹中的白灰面、陶器中的鬼脸式的鼎脚、篮纹竖鼻罐子、方格纹罐子等,都是它们共同的特点。若将两遗址的遗迹和遗物放在一处,很难找出其大不相同的地方"[26]。

值得我们注意的是在这一时期,瑞典的两位考古学家对考古类型学的应用和研究所取得的成绩在中国考古学界产生了巨大影响。第一位是类型学大师蒙德留斯(Oscar Montelius 1843～1921),于1903年在瑞典斯德哥尔摩出版了《东方和欧洲的古代文化诸时期》第一卷《方法论》,1937年由中国学者滕固译成中文,在中国考古界广为流传,无论在理论上或方法上对中国考古学家都很有影响[27]。第二位是考古学家巴尔姆格伦

（N. Palmgren），应用类型学的演变原则分析研究了甘肃仰韶文化的半山期和马厂期的随葬陶器，第一次揭示了在一个考古学文化内部的器型变化情况。他在《甘肃半山和马厂的随葬陶器》一书中，应用一般进化原则和相似原则以及有无原则和频率原则对随葬陶器进行类型学分析研究，得出马厂期是由半山期发展而来的结论可以说基本上是正确的[28]。这一结论为后来众多地层关系的发现以及碳十四测年的结果所证实。巴尔姆格伦运用类型学研究半山和马厂陶器所取得的成功，为中国考古学家树立了榜样，并提供了典型的范例。

总之，中国考古学以及仰韶文化的研究在经历了近二十年的工作实践之后，到 1937 年，在田野考古发掘技术和室内整理研究等方面等都取得了巨大成绩。地层学的方法得到了改进和完善，类型学的方法初步形成，为中国考古学及仰韶文化研究的健康发展奠定了坚实的基础。

注　释

[1]　梁思永：《后岗发掘小记》，《安阳发掘报告》第四册，第 609～610 页，中央研究院历史语言研究所专刊之一，1933 年；李济：《安阳最近发掘报告及六次工作之总估计》，《安阳发掘报告》第四册，第 568 页，中央研究院历史语言研究所专刊之一，1933 年。

[2] [3]　吴金鼎：《摘记小屯迤西三处小发掘》，《安阳发掘报告》第四册，第 629～631 页，中央研究院历史语言研究所专刊之一，1933 年。

[4]　刘燿：《河南浚县大赉店史前遗址》，《田野发掘报告》第一册，第 69～89 页，中央研究院历史语言研究所专刊之十三，商务印书馆 1936 年版。

[5]　尹达：《新石器时代》第 93 页，生活·读书·新知三联书店 1979 年第二版。

[6]　陈星灿：《中国史前考古学史研究》第 191～192 页，生活·读书·新知三联书店 1997 年版。

[7] 石璋如：《殷墟最近之重要发现附论小屯地层》，《田野发掘报告》第二册，第 12 页及第 75 页，中央研究院历史语言研究所专刊之十三，商务印书馆 1947 年版。

[8] 苏秉琦：《斗鸡台沟东区墓葬》，国立北平研究院史学研究所，1948 年；苏秉琦：《斗鸡台沟东区墓葬图说》图版五：3，中国科学院，1954 年；徐炳昶：《陕西最近发现之新石器时代遗址》，北平研究院院务汇报，7 卷 6 期，1936 年。

[9] 步达生著、李济译：《甘肃史前人种说略》，见安特生：《甘肃考古记》第 48～51 页，地质专报甲种第五号 1925 年。

[10] 梁思永：《远东考古学上的若干问题》，1929 年定稿，1932 年发表在美国《美洲人类学家》杂志上，后由易漫白译成中文载《梁思永考古学论文集》，科学出版社 1959 年版。

[11] 李济：《小屯与仰韶》，《安阳发掘报告》第二册，中央研究院历史语言研究所专刊之一，1930 年。

[12] 徐中舒：《再论小屯与仰韶》《安阳发掘报告》第三册，中央研究院历史语言研究所专刊之一，1931 年。

[13] 傅斯年：《夷夏东西说》，见《庆祝蔡元培先生六十五岁论文集》，南京 1935 年。

[14] 李济：《城子崖·序》，中国考古报告集之一，中央研究院历史语言研究所，南京 1934 年。

[15] [17] 梁思永：《小屯龙山与仰韶》，见《庆祝蔡元培先生六十五岁论文集》，1935 年。又见《梁思永考古论文集》，科学出版社 1959 年版。

[16] 安志敏：《梁思永先生和中国近代考古学》，《文物天地》1990 年 1 期。

[18] 陈星灿：《中国史前考古学史研究》第 221 页。生活·读书·新知三联书店 1997 年版。

[19] 梁思永：《后岗发掘小记》，《安阳殷墟报告》第四册，中央研究院历史语言研究所专刊之一，1933 年；《小屯龙山与仰韶》，见《庆祝蔡元培先生六十五岁论文集》，1935 年。两篇均收入《梁思永考古论文集》，科学出版社 1959 年版。

[20] 李济：《安阳最近发掘报告及六次工作之总估计》，《安阳发掘报告》第四册，第 560 页，中央研究院历史语言研究所专刊之一，1933 年。

[21] 尹达：《悼念梁思永先生》，《文物参考资料》，1954 年 4 期 8 页。

[22] 夏鼐：《梁思永先生传略》，《考古学报》第七册第 2 页，1954 年。

［23］李济：《中国考古学报·前言》，《中国考古学报》第二册第 1～2 页；中央研究院历史语言研究所专刊之十三，商务印书馆 1947 年版。

［24］吴金鼎：《摘记小屯迤西之三处小发掘》，《安阳发掘报告》第四册，第 631 页，中央研究院历史语言研究所专刊之一，1933 年。

［25］吴金鼎：《高井台子三种陶业概论》，《田野考古报告》第一册，中央研究院历史语言研究所专刊之十三，商务印书馆 1936 年版。

［26］刘燿：《河南浚县大赉店史前遗址》，《田野考古报告》第一册，中央研究院历史语言研究所专刊之十三，商务印书馆 1936 年版。

［27］蒙特留斯著、滕固译：《先史考古方法论》，商务印书馆 1937 年版。

［28］N. Palmgren, "Kausu mortuary urns of the panshan and Machang groups", *PSD*, Vol. Ⅲ: 1934.

三　仰韶文化研究的缓慢进展（一九三七～一九四九年）

（一）陕甘青地区仰韶文化遗址的调查和发掘

自 1937 年至 1949 年期间，中国经历了两次大规模的战争，一次是日本对华侵略战争，一次是 1945 年后的全面内战。战争不仅给全国人民带来了沉痛的灾难，同时对中国科学事业的发展也带来了极大的挫折，甚至遭到严重的摧残。中国考古学及仰韶文化研究和其他学科一样不能幸免。但中国的考古机构和考古学家在国难时期，克服重重困难，坚持到后方的西北、西南地区开展考古调查、发掘和研究，使中国考古学挣扎前进，使仰韶文化研究进展缓慢。

1. 战争对中国考古学的摧残

1937 年，日本帝国主义发动了全面的侵华战争，华北、华中及华南相继沦陷，考古科研机构向后方迁移，如中央研究院历史语言研究所从南京西迁至川西李庄，止在进行考古发掘的遗址全部停止，使中国考古学遭到严重挫折[1]，若与 20～30 年代兴旺发展的形势相比，这一时期实为中国考古学的衰落阶段。同时由于仰韶文化分布地区的河南、河北和山西先后沦陷，使仰韶文化的研究受到极大影响。但中国的考古机构和考古学者在极端困难的情况下，转移到后方的西北、西南地区，继续坚持田野考古及室内整理研究工作。特别是在西北，对陕西、甘肃、宁夏及青海等省的大范围考古调查以及小规模的发掘取得了重要收获，对仰韶文化的研究具有特别重要的意义。在日本帝国主义占领期间，日本的考古学者在东北、华北、华南及台湾开展了大量的考古调查和盗掘。1945年日本投降以后，日本人的考古活动全面停止，但由于国内战争的爆发，给中国考古学的恢复发展也带来了一定的影响，田野考古工作基本陷于停顿状态，除了裴文中等对甘青地区的考古调查为仰韶文化的研究积累了一定的资料外，仅在解放区对吉林和河北地区做过一些发掘清理工作。

2. 陕甘青地区仰韶文化遗址的调查和发掘

1938年历史语言研究所对陕西的调查

七·七卢沟桥事变以后，历史语言研究所在安阳殷墟的发掘以及北平研究院对宝鸡斗鸡台遗址的发掘等都被迫停止。史语所由南京开始西迁，当到达长沙暂留期间，于1938年上半年即派石璋如对陕西的宝鸡、三原、旬邑、淳化等县市进行考古调查。在淳化发现了焦家河及三水坊坪两处仰韶文化遗址[2]。

1943年西北史地考察团对陕甘宁青的调查和试掘

在抗战时期，史语所采取与中央博物院筹备处及中国地理研究所合作的方式，于1942年联合组成西北史地考察团，由辛树帜任团长，史语所派劳干、石璋如参加，地理所派李承三、周廷儒参加，博物院筹备处请西南联大教授向达参加。当年即考察了甘宁青的一些地区，工作主要偏重于历史时期。1943年2月石璋如从兰州出发，东行至平凉，再沿泾水东下至彬县，共发现史前遗址23处，即老虎煞、鸣玉池、龙马、土陵、太盘、郭村、马家河、旬邑城、温凉泉、鸡嘴、张洪镇、南头、坡头、百子沟、龙背头、卧龙、沟脑头、黄盘、弥家河、和子原、丰头、药王洞、碾子沟等，其中仰韶文化遗址18处。同时对彬县的老虎煞遗址进行了试掘，开挖长20米的探沟一条，在下层发现仰韶文化堆积。1943年3月石璋如由彬县至西安，又到洛阳，沿途调查历史时期遗址，同时在灵宝北关发现仰韶文化遗址一处。4月由西安至耀县，在耀县南关发现仰韶文化遗址一处，在此之前史语所马元材也曾调查过这个遗址。5月至7月，石璋如由西安出发向西行，对长安、户县、武功、扶风、岐山及凤翔等县进行调查，发现史前遗址10多处，计有长安县的丰镐遗址以及回回镇、福应寺、洛水村等遗址，户县的灵台、姬家堡、礼贤村，武功县的圪垱庙、姜原庙、白龙湾、王家堡、羊尾沟，扶风县的十里铺、飞凤山，岐山县的岐阳堡、宫里、夹嘴、车头坡、仓颉庙、王庙、周公庙，凤翔县的瓦窑头、三岔河等。于5月2日对镐京遗址试掘，6月17日至19日对岐阳堡遗址开挖探沟五条，在城隍庙北发现单纯的仰韶文化堆积，在夹嘴附近的下层发现仰韶文化堆积，同时还发现白灰面遗迹[3]。

1944～1945年西北科学考察团对甘肃的调查和发掘

1943年史语所与中央博物院筹备处、中国地理研究所及北大文科研究所联合组成西北科学考察团。史语所派夏鼐参加，地理所派李承三、周廷儒参加，北大派向达、阎文儒参加。1944～1945年到甘肃、新疆考察，多偏重于历史时期的古遗址，史前考古仅占考察工作的小部分。1944年3月至1945年3月，夏鼐和任职兰州中国银行的吴良才一起对兰州附近的史前遗址进行了考察，计有高坪、中山林、太平沟、十里店、土门后山、曹家嘴、青岗岔等遗址。其中十里店、土门后山、曹家嘴均由西北师院何乐夫发现，并对十里店及曹家嘴遗址进行过清理试掘。1941 年 11 月卫聚贤也曾对曹家嘴遗址进行过调查发掘[4]。1945 年 4 月夏鼐到临洮调查史前遗址，于 4 月 21 日由临洮县城赴寺洼山调查发掘。夏鼐发掘寺洼山的目的：一是确定马家窑期（安特生称的甘肃仰韶文化）遗址与寺洼期墓葬的关系；二是发掘少数寺洼期墓葬，仔细观察，以便作成较详细的记载。可见夏鼐的主要目的是针对 1925 年安特生的助手对寺洼山发掘工作粗疏、记录简单而再行发掘的，希望通过认真发掘，以明确寺洼期墓葬与马家窑期遗址的关系。通过夏鼐的发掘所获得的地层情况，以 A 区为例：第一层为耕土层；第二层为近代扰土层；第三层为马家窑文化层，土色灰褐，寺洼期墓葬 6 座都在此层中，人骨及随葬品附近均为马家窑期文化遗物，墓坑边缘不清，难以区分；第四层以下为生黄土，不出遗物。B 区地层及文化遗物和 A 区相同，只是没有寺洼期的墓葬。从地层的遗物来看，寺洼期墓葬显然较马家窑期为晚。夏鼐在发掘报告中指出："这两区的时代及它们所代表的文化，概括地说，可算是相同的。至于 A 区中寺洼期墓葬，显然是较马家窑文化期为晚。这不但可由地层上来证明，并且就遗物而论，寺洼陶的陶土中羼杂着碾碎的旧陶片细末，有几粒较大的，可以很清楚看出是用马家窑式彩陶或红陶片来碾碎的。当时大概是拾散在地面上的破陶片，碾碎了来做羼和料，和绳纹粗陶羼杂砂粒的用意相同。被利用的破陶片的时代，自然要比较寺洼期所制造的陶器为早。所以这也可用来证明二种文化的先后关系"[5]。可见这次发掘对研究寺洼文化和马家窑文化的关系至关重要。夏鼐对寺洼山遗址的发掘工作结束后，于 1945 年 5 月到宁定县半山区调查，这里也是安特生早年开展过工作的地方，鉴于安特生将齐家期的年代放在仰韶期以前的作法，曾引起学者的怀疑，所以也引起夏鼐的特别重视。在阳洼湾发现了齐家期的墓地，在墓葬填土中发现仰韶期彩陶片，这一重要地层关系的发现为纠正安特生关于齐家早于仰韶的错误观点有着相当重要的意义。夏鼐这次对齐家墓地发掘的具体情况是：先是在梯田侧壁上发现了暴露的人头骨，经发掘除头骨完整外，其余骨骸全部破坏，被编为零号墓葬。第一号墓葬为竖穴土坑墓，墓坑边缘清晰，长 2 米、宽 0.7 米，人架距地表 1.2～1.4 米不等，仰卧直肢，头向北偏东，随葬品置于头部和足部两侧，从随葬陶器来看属典型的齐家期陶器。第二号墓葬与第一号相距仅 0.8 米，其墓穴大小、葬式、头向及随葬品放置情况以及陶器特征均与第一号墓相似。值得注意的是在此墓的下层填土中，发现两片带黑色花纹的彩陶片，而"下层的填土，却丝毫看不出有什么扰乱过的痕迹。就这两片彩陶的位置而言，如果是埋葬后墓上的土全部经过扰乱翻动以致这些彩陶片混入，那么墓中的人骨和彩陶片既这样挨近，也必定会被动乱的，但是我们却绝对地没有找出这些尸骨被动乱过的任何痕迹。因此我们断定这两片彩陶是由墓穴中未被扰乱过的下半部填土中出来的。这两片彩陶……就陶质及花纹而论，皆与标准型的仰韶文化彩陶无异。至于墓中的殉葬陶罐，属于标准型的齐家文化陶器"[6]。这一发现为讨论齐家期和仰韶期的年代关系提供了重要的科学依据，是一个了不起的发现。夏鼐在阳洼湾遗址的发掘结束后，于 1945 年 6 月和阎文儒又到甘肃的河西走廊调查，在民勤县复查了早年安特生发掘过的沙井文化遗址，在张掖发现了与沙井文化有关的黑水国遗址。为仰韶文化研究的继续深入提供了珍贵资料。

1947 年地质调查所对甘肃的调查和发掘

1947 年 6 月 13 日中国地质调查所裴文中和米泰恒由兰州出发，到临洮、洮沙、宁定及临夏等县进行考古调查，共发现史前遗址 23 处。计有洮沙县的灰嘴、裴家湾、辛店郭家庄、辛店东、辛店南、康家崖，临洮县的皇后沟、田家湾、王家坪、秦家保、石嘴北楼、董坪、齐家坪、店子街、寺洼山、马家窑（麻峪沟、瓦家坪）、五里铺、毛王庄、大石头，宁定县的上三甲集、格子村，临夏县张家嘴、崔家崖等。其中 8 处即灰嘴、辛店郭家庄、辛店东、北楼、齐家坪、董坪、寺洼山及马家窑为早年安特生发现并做过试掘。裴文中等对齐家坪、寺洼山之鸦儿沟东西岸、马家窑之瓦家坪、麻峪沟及大石头等遗址做过小规模的发掘，对认识安特生所分甘肃仰韶文化六期的文化性质及其相互间的关系积累了丰富的资料。同年 7 月裴文中由兰州出发至天水，对渭河上游的天水、甘谷、武山及陇西等县进行调查，共发现史前遗址 39 处。计有天水县的七里墩、高家湾、马跑泉、花牛寨、罗家湾、陆军第一师公墓旁、老君庙、两山坪、四十里铺、六十里铺、关子镇、烟铺下、吴家庄西南、吴家庄南、吴家庄东北、张家湾，甘谷县城南二十里铺、三十里铺、梁家沟、何家湾、西四十里铺、西王庄、五甲庄，武山县的毛家坪、涧滩、孟家庄、石岭下、赵家坪，陇西县城东四十里铺、城西西河滩、三坪石、王家坪等。其中除七里墩、烟铺下早年曾被安特生的助手调查过外，其余均为首次发现。裴文中认为吴家庄南出土的石英石片及砾石石器，还有梅花鹿及牛类牙齿化石，可能为旧石器时代遗址外，其余新石器时代遗址可分为彩陶多者、彩陶甚少者及无彩陶者三种类型。1947 年 8 月 5 日至 23 日裴文中和米泰恒前往西汉水流域的成县、西和及礼县进行考古调查，共发现史前遗址 24 处。计有成县城内的紫金山，西和县的纸坊镇、青山坡、上城、空头山、陈家山、西峪坪、魏儿上、太山庙东坡、也池下、赵家坪，礼县的永兴镇公路旁、凌家庄、冯家崖、城西山、城北沟北、城南五里村、石壁下、石桥镇、白蛇坡、称家磨、辛家庄、高磨西南、高磨东北及定西城北等。其中石桥镇及白蛇坡为早年安特生助手所发现，其余均为本次发现。在这些遗址中有一部分属仰韶期文化且有某些地域性特点。同年裴文中在兰州停留期间曾由何乐夫为向导，对兰州附近进行调查，同时也复查了一些曾被夏鼐、黄文弼、吴良才及何乐夫调查过的遗址共 7 处，即十里店、四墩坪、满城、龚家湾、西果园、青岗岔及中山林。其中十里店、西果园及青岗岔曾经过何乐夫、夏鼐、吴良才调查[7]。

1948 年地质调查所对甘青地区的调查

1948 年由裴文中、贾兰坡、刘宪亭、王日伦、米泰恒及刘东生等组成调查队，赴甘肃、青海进行地质学和考古学考察，目的是继续裴文中前一年的未竟工作。考察工作自 5 月开始到 10 月结束，对甘肃的河西走廊、青海的湟水流域及青海湖一带做了大量的工作，收获颇丰。在永登县发现 5 处史前遗址，其中三处均位于县城东南 2 公里的马兰阶地上，出土石器、陶器，但无彩陶，裴文中判断为辛店期或沙井期。另外二处在长城沿线，对其中的一处做了小规模发掘，出土有不典型的石片，兔、羊、鹿等兽骨及仰韶式和马厂式彩陶片。从全部出土物来看，裴文中认为这里应"是彩陶文化从仰韶发展到马厂阶段的中心。此外，一些仰韶式的陶器与洮河和渭河上游相似，不过仅在图案上表现了一定的地方性。这表示仰韶时期这一地区同洮河、渭河上游的密切联系"[8]。考察队在武威县城西南海藏寺的西侧发现一处包含细石器和陶片的遗址。打制的细石器和三角形石镞是典型的蒙古式的细石器，陶器中有安佛拉罐及仰韶马厂式的彩陶片，还有猪、羊和鹿的骨骼。这种现象裴文中认为是"当齐家文化向北扩展到武威地区，同从蒙古来的细石器文化以及由仰韶向马厂过渡的衰退彩陶文化相遇"所形成的[9]。裴文中等在民勤县考察了早年安特生调查试掘过的三角城、柳湖屯、沙井及黄蒿井等遗址，在永昌县发现并试掘了高庙遗址，在张掖西北黑河西岸复查了黑水国遗址。在酒泉未发现史前遗址，裴文中说早年斯文赫定探险队的布林（B.Bohlin）曾在酒泉附近采集过史前彩陶，但没有报告发表，据安特生研究其彩陶可能属于马厂期，但这次考察不曾发现。民勤、张掖、永昌发现的九处遗址，裴文中认为是"代表了一群的特殊文化——沙井文化，它是彩陶的后裔，并在这个蒙古沙漠的边沿上，一直延续到青铜时代"[10]。考察队裴文中一行在兰州城南龙首山发现含齐家、马厂陶器的遗址一处，在这里收购了一些陶器。裴文中认为从购买的全部陶器上来考虑，这个地点表现了齐家、马厂和仰韶的混合特征。"我们或许可以这样解释：第一，从大夏河地区传来的齐家文化，曾在兰州地区与退化的仰韶文化相遇；第二，马厂是从仰韶发展而来的，器形仍属仰韶，而纹饰已进入马厂时期。从这个地点的发现，促使我们相信甘肃彩陶文化的发展是从仰韶到马厂"。裴文中和王日伦还在湟水下游调查和复查了王家沟子、海石湾、窑街、马厂塬及韩家庄等遗址，在中上游调查和复查了小桥、朱家寨、塔尔寺东北、海宴三角城及湟源西新庄等遗址。这些遗址除个别为齐家、辛店期外，多数属马厂期文化遗存。上述中国地质调查所考察队 1948 年 5 月至 10 月对甘肃河西走廊及青海湟水流域等的考古调查成果，是继 1947 年之后的又一次大规模的考古工作，为研究这一带的史前文化积累了大量珍贵资料。

此外，吴良才 1938 年曾到扶风、武功等地考古调查，发现姜村、圪垱庙两处仰韶文化遗址[11]。

1938~1944 年日本侵略者在华北的史前考古活动

七·七卢沟桥事变以后，华北各省相继沦陷，日本帝国主义的考古机构纷纷来华进行文化侵略。他们多是对历史时期的古遗址，古建筑、石窟寺进行考古活动，同时也发现了一些史前遗址。这里仅将与仰韶文化有关的记述于后。1938~1944 年日本东方文化研究所的长广敏雄等对晋北云冈石窟考察时，在石窟对面及方山东麓都发现有彩陶文化的遗址[12]。1942~1944 年和岛诚一等对太原盆地、潞安盆地及山西河东平原进行考察，发现史前遗址 24 处，其中仰韶文化遗址 15 处[13]。1942 年日本山西学术考察研究团的小野胜年对代县峨口镇及临汾金城堡两遗址进行发掘，金城堡出土有彩陶和黑陶，还有灰坑和房屋等遗迹[14]。

上述自 1938 至 1948 年间，石璋如、夏鼐、裴文中等及日本学者在河南、陕西、甘肃、青海、山西等地的考古活动，就现在的认识看，共发现史前遗址（含仰韶文化、马家窑文化、齐家文化、辛店文化、寺洼文化、沙井文化等）178 处，其中属仰韶文化的遗址 124 处。经试掘或小面积发掘的史前遗址 12 处，其中属仰韶文化的遗址 4 处。分布在甘肃境内的仰韶文化遗址主要在泾、渭二河上游和西汉水流域，至于其他史前文化主要分布在黄河上游、洮河、大夏河、湟水流域及河西走廊一带。

1937~1949 年期间, 战争严重地影响了中国科学事业的发展, 大规模的田野发掘无法进行, 对重要地区或重要遗址的工作不能开展, 所以对仰韶文化的田野考古工作是很有限的。

(二) 仰韶文化研究的缓慢进展

20 世纪 30 年代初期中国新石器时代的研究, 由于龙山文化的发现, 经学者研究而形成了中国史前文化东西二元对立的学说。随后对有关的考古资料进一步研究时, 却发现了新的问题, 诸如一些遗址的文化性质问题、仰韶文化和龙山文化的年代问题、安特生甘肃仰韶文化六期说的问题以及中国文化的起源问题等, 都需要认真考虑。这就是 30 年代后期和 40 年代中国史前考古学者的重要任务。他们或在室内或在田野, 在战时极其艰苦的条件下, 克服重重困难, 为中国考古事业的发展而努力奋斗。梁思永、吴金鼎、刘燿等在此期间都写出了重要著作, 石璋如、夏鼐、裴文中等依据田野考古的新发现都整理出了新的研究成果, 推动了对仰韶文化诸问题的深入研究。

1. 关于仰韶村和不招寨二遗址文化性质的讨论

梁思永在 1935 年 1 月发表的《小屯龙山与仰韶》中, 通过对比研究发现在仰韶文化（包括不招寨）中包含龙山文化的常见器物, 这些器物"完全属于龙山陶器形制的系统"。这是一个相当重要的发现, 对认识仰韶文化与龙山文化的关系意义重大。但由于他对安特生的田野发掘从不怀疑, 对学术界多年来推论的仰韶文化中心在西、龙山文化中心在东十分坚信, 所以构建了二元对立的学说, 把仰韶文化中存在龙山文化因素的现象解释为龙山文化自东向西侵入仰韶文化的领地，而与仰韶文化的混合。梁思永应用豫北和山东龙山文化的典型器物作为对比的标尺，将仰韶文化中的龙山陶器区分出来是正确的，但得出的二元对立的结论却是错误的。同时由于龙山文化的大量发现，使人们对龙山文化的特征有了进一步的认识，到了1937 年前后史语所的学者普遍认为仰韶村遗址中存在着龙山文化的因素。当安特生 1937 年夏到南京访问时，史语所的学者向他提出疑问，但安特生不承认他对仰韶村的发掘存在失误。

在梁思永研究的基础上，吴金鼎和刘燿对此问题进行了精细的研究，提出了一些新的认识，比梁思永的看法又向前进了一步。吴金鼎在英国留学期间所写的博士论文《中国史前陶器》1938 年在伦敦出版，这是中国学者第一次对全国史前陶器进行研究的专著。他将全国的史前陶器分为七个区，对豫西区的仰韶村、不招寨、秦王寨、池沟寨、陈沟、青台、塌坡共七个遗址的陶器分成彩陶和无彩陶两个大类，又将每一大类的陶器按颜色、形态、质料、厚度、制法、是否磨光、纹饰七个方面进行研究。通过对比研究，他对仰韶村的文化性质提出了新的认识："安特生博士断定整个遗存代表一个单一的短暂的文化过程，因为同一类型的遗物发现在遗存上下各处。我赞成仰韶村属于同一文化的遗存，但我不认为这个过程是短暂的。就我对陶器的认识看，该遗址可分为至少二个文化期，即仰韶一期和仰韶二期"[15]。吴金鼎对不招寨文化性质的认识，通过对陶器的分析，认为该遗址的陶器颜色主要是灰色的。器形比仰韶村、秦王寨、池沟寨丰富，鬲常见，还有甗，陶质为夹砂陶，有绳纹和弦纹，从这些特征来看，其年代应与仰韶村二期文化同时。在结论中他又做了进一步的阐述，认为安特生把不招寨划入仰韶文化是错误的，因为不招寨的陶器类型与仰韶村、池沟寨判然有别。并认为不招寨的相对年代在豫西是最晚的，应与仰韶村二期同时，但都属于不同的文化系统。值得注意的是，吴金鼎把仰韶村的文化遗存区分为两个时期，把不招寨从仰韶文化中分离出来，这要比梁思永认为的混合文化已经前进了一步。但他那将仰韶村的两期文化遗存视为同一文化的延续的说法，没有明确地突破安特生的老框架。

刘燿于 1947 年发表的《龙山文化与仰韶文化之分析》一文，在分析龙山与仰韶的关系时，将两种文化陶器的形态、制作、色泽和纹饰归纳出各自的特征，再依据这些情况把不招寨从仰韶文化中区分出来，最后将仰韶村中龙山文化遗存区分出来。他在研究不招寨时，把安特生发表的 5 件陶器，即条纹罐形器 2 件、方格纹罐形器 1 件、鬲 1 件及残三足器 1 件都与已知的龙山文化典型的同类器做了对比。指出："这五件陶器的一些特征，都和龙山式的陶器相同，就安特生的材料推测，则不招寨遗址是纯粹的龙山文化遗存，应从安特生所谓'仰韶文化'中除去，不得混为一谈"[16]。他在研究仰韶村遗址时，用仰韶村出土的陶器与城子崖、大赉店、两城镇等遗址出土的典型同类器相比后，指出："从陶器的各方面分析确知仰韶村遗址中实含有龙山和仰韶两种文化遗存，其本质各有不同，其时代或有先后"。又说："就仰韶村所见的遗物加以分析，知道其中所含的两种文化遗存并不曾相互影响，正和河南北部及河南广武所见的相同，这说明仰韶村的史前遗址正是两种文化的堆积而不是这两种文化融合为一之后的遗存"[17]。从这我们可以看出，刘燿是在承认仰韶与龙山二元对立的前提下，否认仰韶村遗存是仰韶与龙山混合文化的，实际上是对梁思永混合文化观点的批评。同时他也看到在豫北、豫西的一些遗址中都发现了仰韶在下龙山在上的地层关系，所以认为仰韶文化与龙山文化是前后堆积的文化。刘燿的主要贡献是把不招寨遗址从仰韶文化中区分出来，将仰韶村遗址中的龙山文化因素区别开来，而对当时的二元对立的学说并未提出明确的修正意见。

2. 关于仰韶文化和龙山文化的相对年代问题

吴金鼎和刘燿都意识到仰韶文化早龙山文化晚的事实。吴金鼎根据他对全国史前陶器的研究，将全国史前文化分成七个地区，每区又分若干期，各期之间的早晚关系就是一个相对的年表。他将豫北的诸史前遗址分为五期，即最早的是后岗一期、侯家庄高井台子一期、大赉店一期，次之是刘庄，再次之是侯家庄高井台子二期，再次之是后岗二期、小屯一期，最晚的是辛村、大赉店二期。将豫西的诸史前遗址分成与豫北并不相对应的五期，即最早的是塌坡，次之是仰韶一期，再次之是秦王寨、池沟寨、陈沟，再次之是青台，最晚的是不招寨、仰韶二期。我们从这两区的分期可以看出，他将后岗二期，小屯一期、辛村、大赉店二期、青台，不招寨及仰韶村二期等属于龙山文化的都放在了仰韶文化之后，表明仰韶文化和龙山文化的相对年代是前早后晚的关系（图四）。而且把龙山城子崖一期和两城镇山东最早的龙山文化年代与豫北的后岗二期、小屯一期龙山文化年代放在同时的位置上，甚至把侯家庄高井台子二期龙山文化放在了较早的位置上。这对梁思永龙山文化东早西晚由东向西发展的假说是一种严重的威胁。刘燿在研究仰韶文化与龙山文化的相对年代时，根据在后岗、侯家庄高井台子、大赉店、刘庄、同乐寨等五个遗址发现的地层叠压关系及

南满州	山东	河南北部	河南西部	山西	陕西	甘肃
		后岗Ⅰ 侯家庄Ⅰ 大赉店Ⅰ				
			塌坡			
		刘庄				
			仰韶Ⅰ	西阴Ⅰ		
		侯家庄Ⅱ	秦王寨 池沟寨 陈沟	西阴Ⅱ		
单砣子 沙锅屯Ⅰ	龙山Ⅰ 两城	后岗Ⅱ 小屯Ⅰ	青台	西阴Ⅲ		
	凤凰台 安上村	辛村 大赉店Ⅱ	不招寨 仰韶Ⅱ			齐家坪

此线以下进入历史时期

南满州	山东	河南北部	河南西部	山西	陕西	甘肃
沙锅屯Ⅱ		后岗Ⅲ 小屯Ⅱ		西阴Ⅳ 荆村Ⅰ		半山
高丽寨Ⅰ 沙锅屯Ⅲ-Ⅵ				荆村Ⅱ	斗鸡台	马厂
						寺洼
						辛店
	龙山Ⅱ					
高丽寨Ⅱ						沙井

图四　中国史前遗址编年（依吴金鼎 1938 年）

其文化特征得出了新的认识，他认为：这五个遗址里所含有的龙山文化遗存中的陶器在各方面都没有更大的差异。下层的仰韶文化遗存，虽说在时间上有早晚的不同，但其属于同一文化系统，都是很清楚的事实。综合上述的许多现象，我们可以得出以下结论：龙山文化和仰韶文化是中国新石器时代末期的两种不同系统的文化遗存，它们各有其独立的特性。在时间上是河南所见到的仰韶文化早于龙山文化。但他 1939 年冬在延安写的《中国新石器时代》一文，研究仰韶文化和龙山文化的绝对年代时却把仰韶文化的绝对年代放在龙山文化的绝对年代之后，即认为仰韶文化晚于龙山文化[18]。由此可以看出，刘燿在仰韶与龙山的年代问题上，不但自相矛盾，而且尚未突破安特生所定的年代窠臼，更没有完全摆脱梁思永混合文化的框框。梁思永关于仰韶文化与龙山文化的相对年代问题，在大量的地层关系新资料面前，也有新的认识。在他 1939 年发表的《龙山文化——中国文明的史前期之一》一文中，他说 1931 年后岗发现仰韶、龙山与殷文化的三叠层后，在豫北很多遗址都发现了类似的地层情况，"这样至少在豫北它们相对的年代关系可以确定了……后岗二层的龙山文化则比仰韶村的仰韶文化较晚，一般说来，这是大家所公认的"[19]。由此可以看出他的认识只限于豫北，至于巩县以西的龙山文化遗址仍不承认。从他划定的龙山文化分布区域来看，只划在巩县以东、豫东、安徽、山东及杭州湾一带，而将巩县以西的仰韶村仍视为混合文化。安特生 1937 年到南京史语所访问，认真地参观了 30 年代初新发现的龙山文化各遗址的标本，仔细检查了他以前的研究情况，在他 1943 年出版的《中国史前史研究》一书中，对某些问题的认识也有改变。比如他认识到不招寨和仰韶村的一些陶器与城子崖下层的出土物类似，遂使他改变不招寨稍早的观点，第一次承认不招寨稍晚于仰韶村。但他并没有把仰韶村中所含的龙山文化因素区分出来，仍然把不招寨看成属仰韶文化系统。更值得我们注意的是，安特生对仰韶村文化遗存与龙山文化进行比较时，他发现城子崖下层不出陶鬲，仰韶村不出陶鬶；城子崖出白陶，仰韶村无白陶；城子崖有卜骨、城墙，仰韶村没有；城子崖有蛋壳陶，仰韶村没有。依据这些情况以及豫北发现的地层叠压关系，他相信河南仰韶文化早于山东龙山文化。但是为什么仰韶村既出彩陶又出与龙山文化类似的灰黑陶呢？他的解释是："我们在仰韶村的发现可能只是黑陶的开始阶段，彩陶衰落之后，在此基础上发展起陶鬶、卜骨和城墙，最终形成成熟的龙山文化"[20]。由此可见，安特生已经觉察到了仰韶文化与龙山文化的关系是一先一后的继承关系，而不是东西二元对立的关系，但安特生并没有明确指出这一新的认识。直到1953年日本学者水野清一和关野雄才首先明确的提出了仰韶文化与龙山文化是"前后相继的文化，不是分布不同的同时文化"[21]。

3.关于安特生甘肃仰韶文化六期说的讨论

自安特生1925年在《甘肃考古记》中提出甘肃仰韶文化六期说之后，除了对绝对年代有所修改外，其相对年代始终不曾改变。他对甘肃仰韶文化的分期，尤其对齐家期的划分曾引起许多学者的怀疑，以致最后依据田野考古的新发现才对其分期给予了彻底的否定。

对齐家期的年代问题，最早提出不同意见的是西方学者孟欣（O.Mengcin），他认为安特生将齐家期的年代定得偏早[22]。另一位是巴霍芬（L.Bachhofer），他在1935年至1937年发表的著作中，均把齐家期放在仰韶期之后[23]。国内学者最早提出意见的是徐炳昶，他认为安特生的分期缺乏地层根据，只是根据陶器进行推定的，是靠不住的[24]。吴金鼎 1938 年在《中国史前陶器》一文中，对安特生的齐家期也提出了不同意见，他认为以齐家坪陶器为代表的文化性质是不同于"中国文化"的地方文化。刘燿在其《龙山文化与仰韶文化之分析》一文中，对安特生将仰韶期放在齐家期之后的问题，进行了系统的分析研究之后，给予了大胆的质疑："齐家坪遗址是否早于仰韶期，其间问题很多，不得遽为定论。"刘燿在 1939 年写的《中国新石器时代》一文中观点更加明确，"齐家期是否与仰韶文化同一系统，正是一尚待详加研究的问题，我们不能将它混入仰韶文化系统之中，更不应于简单且机械的比较之后，即以为是早于仰韶期的遗存。……因之我们在论及仰韶文化时应当将齐家坪遗址除去。"这样，不仅将齐家期和仰韶期的相对年代进行了更正，而且将齐家坪遗址从仰韶文化系统中剔除出来，从根本上动摇了安特生仰韶文化分期的架构。其实安特生于 1937 年在南京史语所参观了新出土的大量标本以后，对他的启发很大，他在 1943 年出版的《中国史前史研究》中，开始改变了不招寨早于仰韶村的观点，也认识到"齐家坪遗址的大多数陶器与仰韶席纹（即绳纹）和篮纹灰陶属于同一个类型"，但他不肯将齐家期置于仰韶期之后。这说明安特生对他早年关于不招寨、齐家坪的看法已经开始有所松动。1946 年在瑞典出版的齐家坪遗址发掘报告，编写者比林阿尔提（Bylin Althin）通过对齐家坪遗址发掘资料原始记录的整理，对安特生的观点也提出过很多不同意见，认为齐家坪彩陶的缺乏，不能说明它早于仰韶文化，因为河南的不招寨、西河村、杨河村及豫北的情况，单色陶都比彩陶要晚[25]。

　　1945 年夏鼐在阳洼湾发掘中发现的齐家墓葬极为重要，对判定齐家期的年代具有决定性的意义。这是第一次发现齐家期墓葬，共 3 座，在其中的第二号墓的填土中发现 2 件仰韶期的彩陶片（图五）。仰韶期的彩陶片出自齐家期墓葬的填土中，如何认识这一现象呢？夏鼐在报告中说："我们知道仰韶式的彩陶确曾发现于未被扰乱过的典型的齐家期墓葬的填土中。当齐家期的人民埋葬死人的时候，这些彩陶是已被使用过打破

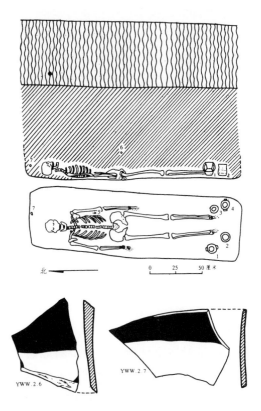

图五　阳洼湾齐家墓葬及填土中所出仰韶期陶片（依夏鼐 1948 年）

了，碎片被抛弃在地上，因之便混入填土中。彩陶制造的时期与齐家墓葬的时期二者之间必定有相当的间隔，虽然我们尚无法知道这间隔的久暂。这样便有两种可能：这些彩陶的制造者或许是另外一个较早的民族，或许便是齐家文化的人民，不过在这墓葬以前较早的某一时期中制造这些彩陶。我们知道在齐家坪及辛店丙址二个遗址的齐家期文化层中，几乎可以说完全没有彩陶片，偶或出土的几片仰韶式的彩陶片，差不多可以断定说它们不会是齐家文化的人民所制造的。它们混入齐家期的遗物中，若不是较古的仰韶文化的遗物，便是邻近残存的仰韶文化区的输入品。总之从陶器方面来研究，齐家陶与仰韶陶是属于两个系统，我们不能说齐家陶是由仰韶陶演化而来的，也不能说仰韶陶是由齐家陶演化而来"。又说："这次我们发掘所得的地层上的证据，可以证明甘肃仰韶文化是应该较齐家文化为早"[26]。由此夏鼐纠正了安特生关于齐家期和仰韶期相对年代划分的错误，而且将齐家期从仰韶文化系统中区分出来。

　　1947 年裴文中在甘肃调查时，曾在齐家坪遗址地表采集到半山、齐家及辛店的陶片，还发掘清理了 1 座白灰面住室。他对齐家坪遗址调查发掘后认为："安特生氏谓齐家坪之产物，代表彩陶文化系统中最早之一期，在仰韶时期之前。吾人此次由地层及所采陶器之观察，皆不能证明之。若再参考吾人在他处之观察，则吾人可暂时认为，居住和埋葬于齐家坪之人类，除辛店期者外，似为另一民族，有不同之另一种文化，名之为'齐家文化'，与彩陶文化为不同之系统"。至于齐家文化的年代，他认为可能与辛店、寺洼的年代相当[27]。裴文中与吴金鼎、刘燿、夏鼐一样，都意识到齐家期是一个特别的文化，不应该放在仰韶文化之中，而应该把它从仰韶文化系统中区分出来。吴金鼎、夏鼐虽然都使用了"齐家文化"的概念，但裴文中第一次提出齐家文化的命名，由此，齐家文化才得以正式确立。至此，关于齐家期年代和文化性质的讨论，才得到基本解决，尤其是夏鼐的重要发现起到了决定性的作用。到40年代末，齐家期晚于仰韶期、齐家文化为不同于仰韶文化的一个独立的史前文化的认识，已经得到了公认，即是安特生本人也认为齐家坪可能代表另一种文化。

1935年梁思永在其《小屯龙山与仰韶》一文中，曾对安特生的仰韶文化六期说作了调整和补充，将六期变为十期，上限不变，下限后延，在齐家期与仰韶期之间增加了一期后岗期及一期可能发现期，在辛店与寺洼、寺洼与沙井之间加上了两个可能发现期[28]，但对安特生的分期不曾有大的改动。1938年吴金鼎在其《中国史前陶器》一文中，对安特生的六期说进行了详细的讨论。他对齐家期的认识已见前述，将寺洼期改在辛店期之前，而对其余各期的相对年代不曾变动。关于仰韶期（半山）与马厂期的关系，他认为马厂期应是从仰韶期（半山）发展而来，并认为半山、马厂的彩陶要比河南的彩陶复杂高级，其年代可能要晚到商周时期。这一看法不免有些偏颇，但客观上他却把安特生将河南的仰韶村与甘肃的半山都归入仰韶期的旧分期打破了，将它们的年代差距也拉得很远。他认为辛店期的陶器要比半山、马厂原始，但年代更晚。并认为寺洼期、沙井期根本不是"中国文化"，但都是受"中国文化"影响的地方性文化。吴金鼎把齐家、辛店、寺洼、沙井都看成是与仰韶文化不同的地方性文化，从根本上动摇了安特生六期连续发展的观点，并将它们从仰韶文化中区分出来，是对仰韶文化研究的一项重要成果。1939年尹达（刘燿）在《中国新石器时代》一文中，根据新发现的考古资料将河南、甘肃的仰韶文化遗存一并考虑，进行了新的分期，即：第一后岗期，第二仰韶期，第三辛店期，共三期。第一期以后岗下层为代表，包括高井台子下层、大赉店下层及塌坡；第二期以仰韶村着色陶器遗存为代表，包括秦王寨、池沟寨、青台、陈沟、半山和西阴村；第三期以辛店遗址下层为代表，但辛店遗址本身尚待研究。他认为第一、二期属于新石器时代末期，第三期属于向紫铜时代过渡的遗存。尹达将齐家、寺洼、沙井从仰韶文化系统中区分出来，表明他已经基本摆脱了安特生六期的束缚。

40年代夏鼐、裴文中等通过对甘青地区的考古调查和发掘，对安特生仰韶文化六期说更有进一步的认识，基本上对安特生造成的混乱给予了彻底的澄清。裴文中认为，辛店、寺洼、沙井都是时代相当晚近的地方性文化，都曾受到过中原文化的影响。夏鼐在《临洮寺洼山发掘记》中认为，寺洼文化晚于马家窑文化早于历史时期的汉代文化。关于寺洼和辛店的关系，他认为就文化的全貌而论，自然以辛店文化较为接近马家窑文化。但辛店和寺洼可能是同一时代的两种文化，前者是承袭马家窑文化系统，后者是由外界侵入洮河流域的外来文化。至于寺洼和沙井的关系，他则认为寺洼和沙井根本是二个文化，后者不会从前者变化而来的。

前述众多学者对安特生仰韶文化六期说的批判，为后来的工作打下了良好的基础。

4. 安特生对中西史前文化关系的新认识

20年代安特生根据他在中国做的有限的考古工作，提出了以彩陶为代表的仰韶文化是西来的，为20世纪初西方学术界提出的中国文化西来说起到了死灰复燃的作用，在国内外产生了很大的影响。到了三四十年代，随着中国考古学的发展，龙山文化的发现，以及后岗等多处遗址重要地层关系的发现，遂引起包括安特生在内的中外学者研究的深入，对中西史前文化关系的认识有了很大的改变。就中国学者而言，梁思永1935年提出了中国史前东西二元对立的学说，认为中国文化的源头应在东方，在各史前遗址的相对年代研究中提出后岗期早于仰韶期。吴金鼎1938年提出河南仰韶文化早于甘肃仰韶文化。尹达1939年将后岗置于整个仰韶文化的第一期。这些新的研究成果，都是对安特生仰韶文化西来说的批判。国外学者孟欣、比林阿尔提等对安特生关于仰韶文化的年代问题，都提出过不同的意见。安特生本人1937年来华看到了很多新发现的资料。1925年至1938年间他多次到苏联参观了在列宁格勒博物馆和莫斯科博物馆收藏的特里波列陶器并实地考察了有关遗址的发掘情况，同时他还看到了中瑞西北科学考察团在新疆发现的彩陶等，对他晚年的学术观点影响很大。他对很多问题经过认真研究产生了一些新的认识，这集中反映在他1943年出版的《中国史前史研究》一书中，这是他几十年研究中国史前文化的代表作。他在这本书中，关于中国史前文化年代的问题较前有所变动，相对年代仍坚持早年意见，未予修改，而在绝对年代方面，却进行了很多的修订，即如下表：

齐家期	2500～2200 BC
仰韶期	2200～1700 BC
马厂期	1700～1300 BC
辛店期	1300～1000 BC
寺洼期	1000～700 BC
沙井期	700～500 BC

　　这个绝对年代表，一方面反映了安特生关于年代推定的随意性，另一方面由于前述的原因促使他对早年的年表不得不进行新的改动。从这年表的整体看，他将各期都向后推了一千多年，有的接近合理，有的仍是错误的。关于后三期的年代，他考虑到中国夏商的纪年，而把它们都放在中原王朝的历史时期了。所以他说甘肃史前的后三期辛店、寺洼、沙井期文化，与真正的中国文化并不密切，实际上它们可能是先秦时期的蛮族文化[29]。这一点和中国学者的认识略同。关于仰韶期和马厂期，安特生发现特里波列和新疆的彩陶特征均与马厂期类同。马厂期又是比仰韶期晚的遗存，马厂期的年代为公元前 1700～前 1300 年，特里波列的年代据当时研究为公元前 1500 年，如此，马厂和特里波列的年代是吻合的。那么，从这一现象来看，彩陶的流向倒变成由东向西了，因为仰韶期的年代是公元前 2200～前 1700 年，比安诺和特里波列的年代要早。关于齐家期的年代，安特生始终不变的原因是早于仰韶的文化遗存不曾发现，暂且保留，但齐家期又被龙山文化所证实为较仰韶为晚的遗存。那么，彩陶到底源自哪里，是在中国土生土长或是别的地方，安特生无法肯定。最后的结论是他认为关于彩陶起源的问题就现有的资料尚难解决。他将关于河南、甘肃彩陶与安诺、特里波列等地彩陶的关系问题，留给接替他的瑞典远东古物博物馆下一任馆长高本汉（B.Karlgren）教授去解决。其实，安特生在这个年表中已经承认了他早年提出的彩陶西来说是错误的，等于放弃了他原来的假说，起码他对这个问题开始怀疑或动摇了。这是安特生的进步，是对中西史前文化关系的新认识。

（三）中国考古学技术方法的发展
对仰韶文化研究的促进

30 年代，由于梁思永在对后岗遗址的发掘中采用按文化层发掘方法的带动遂使中国考古学技术方法中的地层学得到了很大的改进，由于地层学的改进又带动了类型学方法的初步形成。这不但促进了当时仰韶文化研究的初步发展，而且为后来仰韶文化研究的继续发展奠定了坚实的基础。

30 年代后期及 40 年代，学者们在极端艰苦的条件下，转移到后方坚持研究工作，如梁思永和刘燿等将战前所积累的大量资料进行整理研究，都写出了高水平的著作，尤其刘燿在延安完成的重要论文，对安特生早年研究仰韶文化的错误提出了大胆的质疑和尖锐的批评。同时又有一批考古学者从国外留学归来，为中国考古学继续发展输入了新的血液，他们将当时国际考古学的最新技术带回国内，使中国考古学不断前进。其中裴文中先生，1937 年由法国巴黎大学获博士学位回国，在法期间师从著名考古学家步日耶教授。吴金鼎先生和曾昭燏女士1937、1938 年先后由英国伦敦大学分别获博士、硕士学位回国，吴金鼎在英期间，师从当时考古学泰斗彼特里（W.M.Petrie），在巴勒斯坦进行考古的发掘工作，其工作态度、学识水平曾得到导师的高度评价。夏鼐先生，1939 年在英国伦敦大学获得埃及考古学博士学位，在英期间师从考古学大师惠勒（M.Wheeler），在英国、埃及与巴勒斯坦进行过很多项目的考古发掘工作，尤其是参加了著名的梅登堡山城遗址的发掘，对该遗址的发掘曾使惠勒教授在考古技术方面获得重大贡献的荣誉，夏鼐于 1940 年在埃及开罗博物馆做研究工作后回国[30]。吴金鼎和曾昭燏于 1938 年至 1940 年对云南大理一带进行大规模的考古调查，发现史前遗址 20 多处，并对其中的 5 处进行了发掘，对云南史前考古作出了开创性的贡献。裴文中、夏鼐到甘肃、青海地区开展了大面积的考古调查工作，发现仰韶文化遗址 100 多处，对重要遗址进行了小规模的发掘，都取得了大量的科学资料，获得了丰富的研究成果。尤其是夏鼐 1945 年对甘肃宁定阳洼湾齐家墓葬的发掘，第一次从地层学上证实了此前很多学者对安特生齐家期的怀疑是正确的，表明中国田野考古的地层学方法达到了成熟的阶段。同时类型学的研究方法，在学者们的资料整理及研究分析中，也取得了一定的进展。吴金鼎对全国史前陶器的研究及对大理龙马等遗址分期的研究[31]，裴文中对陶鬲、陶鼎的研究[32]，苏秉琦对宝鸡斗鸡台沟东区陶鬲的研究[33]，夏鼐对齐家期和寺洼期陶器的研究，都是当时的重要研究成果，对类型学的发展做出了贡献，使中国考古学的类型学方法得到了进一步的完善。值得注意的是夏鼐和裴文中依据他们在甘青地区新发现的资料，对安特生的分期给予了彻底的否定，同时提出了马窑家文化、齐家文化、辛店文化、寺洼文化及沙井文化的命名，遂使安特生所造成的仰韶文化混乱现象得到了基本澄清，也使安特生中国文化西来说的错误得到了纠正。

注 释

［1］李济：《安阳》第 89~103 页。中国社会科学出版社 1990 年版。

［2］［3］石璋如：《考古年表》第 7、27、69~73 页及表三、表四，1952 年。

[4] 夏鼐：《兰州附近的史前遗存》，《中国考古学报》第五册，1951年。

[5] 夏鼐：《临洮寺洼山发掘记》，《中国考古学报》第四册第71、74页，1949年。

[6] 夏鼐：《齐家期墓葬的新发现及其年代之改订》，《中国考古学报》第三册，1948年。

[7] 裴文中：《甘肃考古报告》，见《裴文中史前考古学论文集》，文物出版社1987年版。

[8][9][10] 裴文中：《中国西北甘肃走廊和青海地区的考古调查》，见《裴文中史前考古学论文集》，文物出版社1987年版。

[11] 吴良才：《陕西扶风降帐镇姜村武功永安镇圪塔庙史前的遗存》，《华西边疆研究会杂志》15卷甲种，1945年。

[12] 水野清：《东亚考古学的发达》第62～63页（日文），大八洲株式会社，1948年。

[13] 和岛诚一：《山西省河东平原和太原盆地北部史前考古概要》，《人类学杂志》（日文），58卷4号。

[14] 小野胜年：《金城堡——山西临汾金城堡史前遗迹》（日文），1945年。

[15] Wu, G. D., *prehistoric pottery in China*, London, 1938, p.50.

[16][17] 刘燿：《龙山文化与仰韶文化之分析》，《田野考古报告》第二册第267～275页，1947年。

[18] 尹达：《中国新石器时代》，见《新石器时代》第75～77页，生活·读书·新知三联书店1979年版。

[19] 梁思永：《龙山文化——中国文明的史前期之一》，见《梁思永考古论文集》第146、148～149页，科学出版社1959年版。

[20] J. D. Andersson, "Researches in to the prehistory of the Chineese", *BMFEA*, No.15, 1943, pp.65—76.

[21] 张光直：《新石器时代中原文化的扩张》，见《中国上古史待定稿》第一本，台湾，1972年。转引自陈星灿：《中国史前考古学史研究》第289页和第四章注[75]，生活·读书·新知三联书店1997年版。

[22] O.Mengcin, *Weltgeschte der steinzeit*, 1935, p.81.

[23] 转引自 J.G.Andersson, "Researches into the prehistory of the Chinese", *BM-FEA*, No.15, 1943.

[24] 徐炳昶：《陕西最近发现之新石器时代遗址》，《北平研究院院务汇报》7卷6期，第208页，1936年。

［25］Bylin‐Althin，M.，The sites of chichiaping and lohantang in kausu.*BMFEA*，No.18，1946.齐家坪和罗汉堂的发掘报告于 30 年代初完成，原拟在中国出版，因日本侵华战争爆发而后延至 1946 年在瑞典出版。

［26］同注［6］。

［27］同注［7］第 234～236、246 页。

［28］梁思永：《小屯龙山与仰韶》，见《梁思永考古论文集》第 96 页，科学出版社 1959 年版。

［29］同注［20］第 280～282 页。

［30］见《中国大百科全书·考古学》第 363、550、644、572 页。

［31］吴金鼎、曾昭燏、王介忱：《云南苍洱境考古报告》，国立中央博物院专刊乙种之一，四川李庄，1942 年。

［32］裴文中：《中国古代陶鬲及陶鼎之研究》，见《裴文中史前考古学论文集》，文物出版社 1987 年版。

［33］苏秉琦：《斗鸡台沟东区墓葬》，北平，1948 年。

四 仰韶文化研究的蓬勃发展（一九四九～一九七一年）

（一）仰韶文化遗址的调查和发掘

1949 年至 1971 年，是中国考古学的一个重要发展阶段，仰韶文化研究也是一样，不仅发现、发掘了一大批重要遗址，而且积累了丰富的珍贵资料。

1. 仰韶文化遗址的大规模调查

随着我国国民经济的发展，为中国考古学的发展带来了机遇。1955 年国家决定要根治黄河水害，开发黄河水利，兴建三门峡水库。由于黄河流域是我国古代文化的摇篮，是我国古代文明的主要发祥地之一，而三门峡水库正处在黄河中游的中原地区，所以地上地下文物古迹相当丰富。1955 年 10 月由夏鼐任黄河水库考古工作队队长，组织队员 40 多人，分为 10 组，分赴库区各县市进行考古调查。经过几个月的实地工作，共发现古代遗址 211 处，其中有仰韶文化遗址 69 处[1]。同时，在仰韶文化分布区的陕西、河南、河北、山西、甘肃、内蒙古及湖北等省区，开展了文物普查工作，也都有重要发现。

现以陕西为例加以叙述。1958 年陕西省文物管理委员会对全省做了一次文物普查工作，仅在 68 个县内就发现新石器时代遗址 495 处，其中属于渭南地区（13 个县）的有 123 处，属仰韶文化的遗址 81 处。1951 至 1953 年中国科学院考古研究所陕西调查发掘队对长安的沣河流域及浐河、灞河中游一带开展考古调查工作，发现仰韶文化遗址 16 处（包括解放前已发现的鱼化寨、米家崖遗址）[2]。在苏秉琦、吴汝祚的文章中介绍这次调查曾扩大到潏河一带，使西安附近的仰韶文化遗址增加到 21 处，在客省庄遗址还发现仰韶、龙山和西周三个时期的地层叠压和打破关系[3]。中国科学院考古研究所沣西发掘队为配合沣镐遗址的发掘，在 1957 年和 1959 年对长安的滈河以西及户县的涝河以东地区进行考古调查，共发现仰韶文化遗址 45 处[4]。1957 年为了解浐灞流域的古文化面貌及配合对半坡遗址的发掘研究，对西安以东的浐灞流域进行考古调查，共发现仰韶文化遗址 29 处[5]。中国科学院考古研究所渭水调查发掘队于 1959 年 3 月至 6 月对陕西、甘肃渭河中上游的周至、眉县、兴平、武功、岐山、礼泉、永寿、乾县、凤翔、宝鸡、彬县、旬邑、长武、天水、甘谷、武山、陇西、渭源等县市进行考古调查，共发现仰韶文化遗址 82 处[6]。同时陕西省考古研究所渭水队为配合这次调查，对渭河北岸的兴平、武功、岐山、扶风、凤翔、麟游等县进行考古调查，发现仰韶文化遗址 32 处[7]。1959 年为配合长江规划工程建设，陕西省考古研究所组成长办文物考古队陕西分队承担长江水系的汉水、嘉陵江上游考古调查任务，对汉中、安康地区进行考古调查，发现仰韶文化遗址 24 处[8]。1960 年陕西省考古研究所泾水队为配合下孟村遗址的发掘，对下孟村附近的长武、北极两个乡的泾水流域进行考古调查，发现仰韶文化遗址 8 处[9]。1963年陕西省考古研究所组成两支考古队，对北洛河流域及陕北长城沿线进行考古调查，在北洛河流域发现仰韶文化遗址 84 处，在榆林地区的长城沿线五县发现仰韶文化遗址 32 处[10]。1958年北京大学为配合泉护村、元君庙等遗址的发掘，对华县、渭南进行考古调查，发现仰韶文化遗址 14 处[11]。以上合计 452 处。甘肃省综述渭水、泾水及西汉水流域多处的调查情况，共发现仰韶文化遗址 161 处[12]。山西省在 1959 年总结全省文物考古工作十年概况时，综述建国后历次考古调查共发现仰韶文化遗址 178 处[13]。1958 至 1960 年中国科学院考古研究所山西工作队为配合对东庄村、南礼教村及西王村等遗址的发掘，对晋西南地区进行考古调查，共发现仰韶文化遗址 73 处[14]。这两项合计共 251 处。河南省仰韶文化遗址的情况，"文化大革命"前从零星报道来看大约有 200 余处。河北省据统计于 1964 年前共发现仰韶文化遗址 21 处[15]。内蒙古历史研究所 1962 年对内蒙古中南部黄河沿岸的托克托及清水河两县进行考古调查，发现仰韶文化遗址 23 处[16]。湖北省长办文物考古队直属队与中国科学院考古研究所长江队于 1958 至 1961 年对汉水流域的均县和郧县进行考古调查发现仰韶文化遗址 23 处[17]。以上七省区总共发现仰韶文化遗址 1199 处，但在实际工作中不免有重复调查、重复统计的现象，若减掉这些因素，在"文化大革命"以前实际发现的仰韶文化遗址大约有 1000 处左右。这个数字仅是见于报道的，而未见于报道的资料肯定还有不少，甚至各地还有考古空白的地区，如陕西省的商洛地区、关中的泾河中下游各县均未认真地进行过文物普查或考古调查，或者是虽有资料尚未上报或报道。但从总的情况来看，在新中国短短十几年时间里发现了这么多的仰韶文化遗址，远远超过了 1949 年前 30 年的发现，当时，在仰韶文化分布区内仅仅发现了 100 多处遗址，而且性质不清认识模糊。1949 年后的大面积、大规模文物普查和考古调查所发现的这一大批遗址，为仰韶文化的研究提供了丰富的资料，为选择重要遗址进行科学发掘打下了良好的基础。

2. 仰韶文化重要遗址的发掘

在各地开展文物普查及考古调查的同时，选择重要遗址进行科学发掘的工作已经逐步展开。从 1951 年到 1965 年试掘或发掘过的仰韶文化遗址多达 50 多处，其中中国科学院考古研究所在各地试掘或发掘的约 30 处，计有河南的荥阳点军台、青台、渑池仰韶村、洛阳涧滨、同乐寨、西干沟、陕县庙底沟、三里桥、七里铺、灵宝南万村、安阳后岗、大正集老磨岗、鲍家堂、大寒南岗，陕西的长安客省庄、马王村、大原村、西安半坡、华阴西关堡、南城子、横阵、宝鸡北首岭，山西的芮城东庄村、西王村、平陆盘南村、葛赵村，湖北的郧县青龙泉、大寺、均县乱石滩及朱家台等；北京大学在各地试掘或发掘的约 8 处，计有河南的洛阳王湾、偃师高崖，陕西的华县泉护村、元君庙、太平庄、郭老村、渭南涨村、白庙村等；河南省文化局文物工作队和郑州市博物馆试掘或发掘的约 14 处，计有信阳三里店、洛阳孙旗屯、郑州林山寨、陈沟、偃师汤泉沟、灰嘴、渑池西河庵、鲁山邱公城、临汝大张、镇平赵湾、唐河茅草寺、寨茨岗、淅川下集、黄楝树等；山西省文物管理委员会和山西省考古研究所发掘的有太原义井和闻喜汀店等；陕西省文物管理委员会和陕西省考古研究所发掘的有凤县郭家湾和彬县下孟村等；河北省文物管理处发掘的有磁县界段营、下潘汪和武安赵窑等。总计发掘面积 4.4 万多平方米，发现重要遗迹如房址 140 多座，窖穴或灰坑 1200 多个，陶窑 38 座，墓葬 1100 多座，出土各类文物 25800 多件。这些丰富的实物资料，为仰韶文化的研究提供了重要的科学依据。这里选择比较重要的加以介绍。

西安半坡遗址

半坡遗址位于西安城东浐河东岸的二级台地上。1953 年春西北文物清理队发现，同年秋中国科学院考古研究所陕西调查发掘团复查，发现遗址面积大（约 5 万平方米），内涵丰富，文化面貌独特，决定科学发掘。正式发掘工作从 1954 年 9 月开始，至 1957 年夏季结束，共发掘五次。全部发掘工作由石兴邦主持，抽调各地各单位专业人员近 200 人，时间延续三年之久，总计发掘面积约 1 万平方米。

经过发掘，发现保存较好的房屋基址 46 座，以及为数众多的柱洞和灶坑。房址分圆形和方形两种，每座房址的面积一般有 20 平方米左右，个别小的仅 10 平方米，最大的可达 160 平方米。它们虽各有特点，但基本特征是相同的。如每座房基都有门道和门坎，房址中心有灶坑，房内有支撑房顶的柱子，墙内有木骨，居住面和墙壁面均用草泥土抹成，房子的大小则视年代先后及形制而异。方形房址平面呈方形或长方形。从建筑结构看，有半穴居和地面上木架建筑两类。前一类早晚期均有，后一类只见于晚期。全部房址集中分布，构成整个聚落居住区的一部分（还有大部分未发掘）。在居住区内发现窖穴 200 多个，多是储藏什物用的，废弃后作垃圾坑用。其形状有圆形袋状坑、长方形坑、椭圆形坑等。在居住区的北部发现饲养家畜的圈栏 2 处，为长方形的建筑遗迹。在整个遗址内发现壕沟 3 条：一条是环绕居住区周围的大围沟，两条是居住区内的小沟。大围沟的用途是防护设施，两条小沟可能是氏族内不同家族或集团的分界。烧制陶器的窑址发现 6 座，多集中在聚落的东北部。可分为横穴窑和竖穴窑两类，它们都由火膛、火道、窑室、窑门、窑箅所组成，有的保存较好。窑体很小，估计每次每窑烧的器物并不多,大的1~2件,小的4~10多件。墓葬共发现250座,其中成人墓174座,小孩墓76座。成人墓多埋在围沟以北的公共墓地内,少数埋在沟外的东部和东南部,只有2座埋在居住区内的窖穴内。小孩墓有73座是瓮棺葬,多埋在居住区的房屋近旁,另2座无葬具、1座是按成人葬法埋葬的。成人墓坑位的排列,在西部和北部几乎排列成整齐的行列,东部和南部的比较凌乱。墓葬头向较一致,绝大多数头向西,其余头向东的1座,头向北的9座,头向南的7座。绝大多数为单人一次葬,只有2座例外,一座是4人合葬,一座是2人合葬。葬式中,最多的是仰身直肢葬,其次是俯身葬15座,二次葬5座,屈肢葬4座。174座成人墓中,71座有随葬品,共308件。其类别有工具、用具和装饰品,其中实用陶器最多,共277件,装饰品次之,随葬工具的是个别现象。随葬陶器的数目多少不一,少的1件,多的10件,一般5~6件的常见。合葬墓较多,M38四人合葬17件,M39二人合葬8件。瓮棺葬是埋葬小孩的一种葬俗,共73座,其中63座分布在居住区的房屋附近,2座在遗址东南大围沟以外,4座在成人墓地内。多集中的成群埋葬,有的三五成群,位于居住区东北部的一群多达24座。瓮棺葬的葬具以瓮为主,另用盆或钵作盖,盆或钵的底部往往有一个小孔,在小孔上往往盖一块小陶片,这一现象可能与当时的信仰有关。在小孩墓中有3座不用瓮棺,如M152为一座长方形的土坑墓,有木棺痕迹,棺内葬一女孩,约三四岁。仰身直肢,头向西,骨架保存完好。随葬品丰富,计有陶器6件,石珠69件,石球3件,玉耳坠1件,共79件。陶钵内装有粟粒。一个三四岁的小女孩死后用木棺作葬具,用粮食、精美陶器及其他物品随葬,必有其特殊的意义。上述居住区众多的房址、窖穴和大围沟及其以北的墓地、东北的窑址等，构成一个清晰的原始聚落布局。

在整个遗址的发掘中，发现了大量的生产工具和生活用具。

生产工具按类别分：第一，农业生产工具 735 件，其中石斧、石刀、陶刀、石镰最多，砍伐器、石锄、石铲、石研磨器、石杵、石凿较少。第二，渔猎工具 644 件，其中石网坠、石、骨制箭头最多，石、骨制的矛、骨鱼叉、骨鱼钩较少。第三，手工业工具 1133 件，其中石、陶、骨、角制的锥子，骨针最多，骨凿、石、陶制的纺轮、石研磨器、石尖状器等较少。第四，其他工具 5350 件，其中石、陶制的刮削器最多，石砍伐器、石敲砸器、石锤、石钻、骨铲、骨刀、陶锉、石、陶磨光器、蚌刀、牙器、石砥磨器等较少。这些工具的质料，有石、骨、陶、角、蚌、牙六种，以前三种数量最多。从这些工具的数量和类别来看，当时的制石、制骨、制陶工艺是相当发达的。石器的制法，除砍伐器、敲砸器及陶、石刮削器为打制外，其余绝大多数为磨制。骨制用具全为磨制。

生活用具主要是陶器。共发现陶片 50 万片以上，完整及复原的陶器近 1000 件。从形状、质地及用途等可分为不同类别。其中饮食器有钵、碗、盆、壶、杯、盘、豆、盂等类；炊器和储藏器有罐、瓶、釜、鼎、瓮、器盖、器座等；水器有小口尖底瓶、长颈壶、带流罐等类。陶质可分为粗砂陶、细砂硬陶及细泥陶。陶色有红、褐、灰、黑四种。另有红褐、灰褐、深黑、橙黄、土红、砖红等。全部陶器以红色、红褐色最多。纹饰有绳纹、编织纹、线纹、弦纹、剔刺纹、附加堆纹及彩绘等。彩陶的颜色以红地黑花为主，还有原地黑花、黑中带紫花、原地黑红二色花、加白衣黑花、原地白花、红花等。纹样以几何形图案花纹为主，有宽带、直线、斜线、三角、圆点、波折纹等组成不同的图案。动植物形象花纹独具特色，有人面形、鱼形、鹿形及其他鸟兽形象，其中以鱼纹最多，植物花纹较少。

发掘者依据地层和遗迹的叠压打破关系及出土物的比较研究，对出土的房址、窖穴、墓葬等都做了分期工作，都分为早晚两期。同时通过对早晚期遗迹的典型单位所出土的陶器进行比较分析，也分出了早晚两期。早期的主要陶器是：杯形口短颈鼓腹双耳尖底瓶、卷沿深鼓腹平底盆、尖唇鼓腹平底罐、小口弧腹大平底带盖小罐、尖唇阔肩大口小平底弦纹罐、大口弧腹小平底人面鱼纹盆、大口鼓肩斜直壁小平底瓮及直口深腹圜底钵等，组成早期的主要器物群。晚期的陶器有：喇叭口鼓肩凹腰尖底瓶、尖唇鼓腹双錾附加堆纹平底罐、宽平沿浅腹平底盆、宽平沿腹较深凹底盆、敛口斜直壁双錾钵、直口斜直壁平底周沿呈锯齿状碗、卷沿折腹圜底盆、带流罐及直口阔肩斜直壁双耳瓮等，构成晚期的器物群。

装饰品共发现1900多件。按形状分有环饰、璜饰、珠饰、坠饰、方形饰、片状饰及管状饰，从功用分有发饰、耳饰、颈饰、手饰及腰饰等；其质料有陶、石、骨、牙、蚌、玉、介壳等，其中以陶质的最多，其他较少。另外还有雕塑品7件，其中陶鸟5件、陶兽1件、陶人头1件以及陶埙2件。

半坡遗址发掘报告的编写者，根据上述的聚落布局、经济设施、生产状况以及各种各类出土物的特征，对当时的经济形态、社会发展阶段都进行了研究。认为当时是以农业为主，饲养家畜、狩猎、捕鱼和采集为辅的经济形态。其所处的时代是发达的新石器时代，即恩格斯所论述的野蛮时代的中级阶段。

其社会性质相当于母系氏族公社的繁荣时期[18]。对半坡遗址的发掘及其出土资料的发表，很快引起了社会各界的关注，对仰韶文化的研究及中国原始社会史的研究等都具有特别重要的意义。

庙底沟遗址

庙底沟遗址位于今三门峡市陕县老城南关东南的青龙涧河南岸之黄土台地上。中国科学院考古研究所 1953 年发现，黄河水库考古工作队 1955 年复查，发现遗址面积大（约 24 万平方米），文化内涵丰富，遂决定进行科学发掘。正式发掘从 1956 年 9 月至 1957 年 7 月，共进行两次大面积揭露，开探方 280 个，发掘面积达 4480 平方米。整个工作由安志敏主持，抽调各单位专业人员 100 多人参与工作。这里的地层情况各发掘区虽有不同，但基本上可分为仰韶的、仰韶龙山交叠的及仰韶战国交叠的三种堆积情况，而仰韶与龙山的交叠堆积尤为重要，第一次揭示了豫西地区仰韶早于龙山的地层关系。这里的仰韶层发现房址 2 座，窖穴或灰坑 168 个，其特点与西安半坡所出同类遗迹大体相同。还发现仰韶墓葬 1 座，为长方形竖穴土坑墓，单人一次仰身直肢葬，头向北，面向东，无葬具，无随葬品。整个发掘区内出土物丰富，有陶器、骨器和石器等，总计约 3500 多件。

陶器，经复原的 690 余件。陶质以细泥红陶最多，约占总数的 57%，夹砂粗红陶次之，约占 33%，泥质灰陶仅占少数，约 10%，细泥黑陶最少，占 0.03%。一般陶质都比较坚硬、尤其细泥红陶最为显著。制法，主要采用泥条盘筑法，口沿多经慢轮修整，小件器皿采用捏塑法制成。器形有深腹盆、曲腹碗、重唇小口尖底或平底瓶、釜、鼎、灶、敛口罐、盘、盂、甄、器盖、器座等。纹饰，以线纹最多，约占总数的50.88%，素面约占 32.46%，彩绘约占 14.02%，划纹、篮纹、附加堆纹、布纹、席纹及镂孔等较少。彩绘颜色主要用黑色，少有红色。主要绘在器表的腹部，也有绘在口沿上的。彩绘图案复杂多变，基本上用条纹、涡纹、三角涡纹、圆点纹及方格纹所组成，但结构缺乏固定的规律。花纹虽可分为若干单元，但很少固定不变，比较难于把它们的固定母题分析出来，同时某种图案的配合也不限于一定种类的器物上。陶质工具有刀、锛、瓴、纺轮等。

石器，除 2000 多件盘状器为打制外，其余全为磨制，计有斧、锛、刀、凿、铲、网坠、纺轮、磨盘、杵、锤等。石制装饰品有环、珠、坠等。骨、角、牙器有针、锥、镞、笄、凿、尖状器等[19]。庙底沟遗址的发掘，首次发现了仰韶文化与早期龙山文化（即庙底沟二期文化）的地层叠压关系。对研究豫西地区新石器时代文化至为重要。庙底沟仰韶文化的面貌，尤其陶器的特征与隔河相望的三里桥仰韶文化相比，迥然不同，报告编写者首次提出仰韶文化需要区分类型的意见，引起了学术界的极大兴趣，引发出来的有关半坡与庙底沟两个类型孰早孰晚的热烈讨论。

元君庙遗址

元君庙遗址位于华县东柳子镇泉护村东北约 1 公里处，其西 50 米为源自秦岭的沟峪河。元君庙早已废弃，已改为耕地。该遗址是北京大学黄河水库考古队陕西分队华县队 1958 至 1959 年重点发掘的主要项目之一。参加发掘的主要人员有高明、杨建芳、张忠培、李仰松、白瑢基和 1954、1956、1958 级的部分同学。发掘面积 800 平方米。揭露了一处保存基本完整的仰韶文化墓地，并在墓地以北探掘了同时期的居住遗址，还发现了老官台文化及二里头文化的遗存。

元君庙遗址分为居住区和墓地两部分。二者之间有一定空隙地带。其中，墓地占地面积 600 平方米，发现 57 座墓葬。依据地层叠压或打破关系及出土器物特征判断，57 座墓中有 4 座属于较晚的外，其余都是基本同一时期的墓葬。墓地布局规整有序，分为两个墓区，每区各有三排，自东向西有序排列，同一排的墓葬顺序是自北往南。盛行异性成年人和小孩同穴为主的合葬制。流行二次葬，一次葬较少。二次葬和一次葬人骨均按仰身直肢形式置于墓穴中，头向一致，均为头西脚东（图六）。均为土坑竖穴，无葬具，有 3 座墓坑有二层台，1 座墓用红烧土块铺砌墓底。随葬品均为实用器，多放置于墓穴东部，陶器组合有一定规则。全部墓葬都有随葬品，只是数量不等，最少的仅 1 件，最多的达 20 多件，一般都在 3、4 件以上。

出土遗物，绝大多数为墓葬随葬品，按用途可分为生产工具、生活用具、装饰品及玩具等。生产工具很少，仅 44 件。有蚌刀、骨针、纺轮及骨镞等。生活用具主要是陶器，完整及复原的共 290 件。陶器的主要器形有大口深腹圜底钵、直口深腹平底或凹底钵、敛口鼓腹小平底钵、杯形口尖底瓶、折沿浅腹平底盆、敛口鼓肩曲腹平底罐、敛口折沿斜直腹平底绳纹罐、敛口曲壁斜直腹平底弦纹罐、碗、盂等。装饰品有骨珠、骨笄、蚌饰、牙饰等。从这些情况尤其陶器特征来看，元君庙遗存的文化性质与半坡早期、北首岭中期、横阵早期相同或相似[20]。元君庙仰韶墓地的发掘，揭示了一个完整的仰韶文化墓地的典范，为研究当时的埋葬制度以及居民的社会组织结构

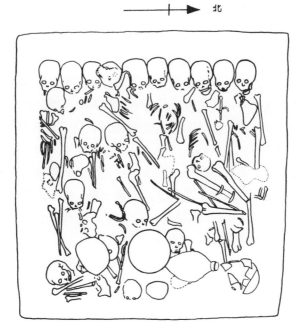

图六　元君庙 M417 平面图（依原报告）

都具有重要意义。报告编写者认为元君庙墓地是由两个氏族组成的部落墓地、其居民的社会组织当是包含着两个对偶婚氏族的部落共同体，即氏族—部落共同体。

横阵遗址

横阵遗址位于华阴县敷水镇西横阵西堡以南的台地上。中国科学院考古研究所陕西队 1958 至 1959 年对此遗址进行了三次科学发掘。遗址总面积 12 万平方米，发掘面积 1000 平方米。这里发现了下中上三个文化层的叠压关系，即下层为仰韶早期，文化性质与半坡早期接近；中层为龙山早期，文化性质与庙底沟二期相同；上层为龙山晚期，文化性质与客省庄二期接近。这里发现的仰韶文化墓葬比较特殊，共发现墓葬 29 座，其中大坑套小坑的集体埋葬坑 15 座、合葬坑 8 座，单人葬 1 座、瓮棺葬 5 座。15 座集体埋葬坑分别埋在 3 个大坑中，即 I 号大坑中埋有 5 个小坑，II 号大坑中埋有 7 个小坑，III 号大坑中埋有 3 个小坑。每座小坑中最多的埋 12 具人骨，最少的埋 3 具人骨，均为二次葬，头均向西。8 座合葬墓，每座墓埋葬人骨多者 12 具，少者 2 具，多数头向西，个别向东，均为二次葬。随葬品各墓都有，数量大体和人数相等，少的 3 至 5 件，多的 10 件，大体是每人一件。报告编写者认为，这里的 3 个大坑可能是三个母系大家族的墓地，大坑中的小坑是母系家族的墓葬[21]。

王湾遗址

王湾遗址位于洛阳西郊红山乡王湾村，1959 至 1960 年北京大学考古实习队在此进行了大面积发掘。遗址现存面积 8000 平方米，发掘面积 3350 平方米。该遗址文化堆积相当丰富，包含有北朝、战国、春秋、西周及新石器文化遗存。发掘者将这里的新石器遗存分为三期，即第一期属仰韶文化，第二期属由仰韶向龙山的过渡期，第三期属河南龙山文化。后经严文明研究，将其分为三期八段：一期一段属仰韶文化半坡类型，一期二段属庙底沟类型；二期一至三段属仰韶晚期，与秦王寨接近，二期四段属庙底沟二期文化；三期一、二段属中原龙山文化[22]。

下孟村遗址

下孟村遗址位于泾河上游的彬县城西 25 公里处，总面积 15 万平方米。1959 至 1961 年陕西省考古研究所在这里进行了三次发掘，发掘面积约 1000 平方米。在发掘区内地层比较简单，耕土和扰土层下为单一的仰韶文化层，内涵丰富。在这里发现了一组遗迹的叠压打破关系异常重要。即 H14 打破 F3，F3 叠压 H30、H31 及 H32。H14 出土庙底沟类型陶器及其他遗物 100 余件，F3 虽未发表陶器情况，但其建筑结构、形制与 60F1 和 60F2 相同，60F1、60F2 出土陶器特征属半坡类型晚期（或史家类型），其年代亦应相当。至于出半坡类型晚期陶器的 H30、H31、H32 被叠压在 F3 之下，应视为同一时期的早晚关系。如此，庙底沟类型的 H14 晚于半坡类型晚期的 F3、H30、H31 及 H32 的关系十分清楚[23]。这一组叠压打破关系的发现，对当时正在热烈讨论的半坡类型和庙底沟类型谁早谁晚的问题至为重要。

西王村遗址

西王村遗址位于芮城黄河风陵渡附近，1960 年中国科学院考古研究所山西队调查发现和发掘。遗址总面积约 10 万平方米，发掘面积 385 平方米。发现有丰富的仰韶文化和龙山文化遗存。发掘者认为这里的仰韶遗存可分为早晚两期，早期和庙底沟仰韶文化相同，晚期与半坡晚期基本相同，龙山文化遗存属于庙底沟二期文化。这三种不同文化类型的地层关系相当明显。整个遗址以仰韶晚期的堆积最为丰富[24]。西王村遗址的地层和分期，对研究晋南、豫西及关中仰韶文化的类型及分期具有十分重要的意义。

后岗和大司空村遗址

这两个遗址分别位于安阳西北的洹河南北两岸。1958 至 1959 年中国科学院考古研究所安阳发掘队对它们进行了小面积发掘。在后岗遗址发现仰韶文化的半地穴式房址 2 座，灰沟

1 条，灰坑 3 个；在大司空村发现灰坑和陶窑各 1 座。两个遗址出土的石器和骨器，都是仰韶文化遗址中常见的形式，惟陶器比较特殊。后岗的陶器，陶质分细陶和粗陶两种，均为红褐色。主要器形有圜底或平底钵、红顶碗、浅腹盆、深腹罐、圆柱状足鼎、小口长颈鼓腹瓶、领加凸饰的罐、大口浅腹盆、器座、器盖等。纹饰有弦纹、划纹、锥刺纹、附加堆纹及彩绘等。彩绘颜色有紫红、红褐及黑色三种。纹样有竖线、斜线、宽带、树权纹等。大司空村出土的陶器中，不见鼎、钵，也不见红顶碗的陶片，但彩陶较多。以红彩为主，也有兼施黑彩的。彩绘纹样有弧线三角纹、曲线纹、倒 S 纹和涡纹等。发掘者认为后岗和大司空村两个遗址隔河相望，文化面貌迥然不同，它们可能是代表着两个不同的文化类型[25]。

大正集老磨岗、鲍家堂及大寒南岗遗址

为了寻找后岗、大司空村两种不同文化面貌遗存的地层关系，中国科学院考古研究所安阳发掘队于 1962 至 1963 年对安阳洹河流域的大正集老磨岗、鲍家堂及大寒南岗遗址进行调查试掘。在大正集老磨岗地面调查时，采集到不少和后岗、大司空村相同的陶片，有希望在这里解决它们的地层关系。但在三个遗址的发掘区内均只得到大司空村一类的文化遗存。这次试掘虽未获得两类文化遗存的地层关系，但对大司空村一类的文化面貌却有了较深的认识。三个遗址的仰韶文化遗存都属于同一类型，即大司空村类型。其陶器的质料、纹饰、制法、器形、彩绘纹样等基本相同。如大正集老磨岗的陶器，陶质可分为夹砂灰陶约占陶器总数的 38％，泥质灰陶约占 33％，泥质红陶约占 18％，夹砂红陶约占 6％，还有少量黑陶和白陶。红陶和黑陶的颜色较纯正，灰陶则有灰白色、灰褐色，甚至同一件器物上的陶色也不同。制法主要是模制，手制的较少，口部常有轮旋痕迹。器表修饰有素面、磨光、篮纹、彩绘、划纹、线纹、附加堆纹、镂孔、锯齿纹、锥刺纹、绳纹、方格纹及席纹等。素面和磨光最多，约占总数的 60％以上，篮纹次之占17％，彩绘占 9％，其他较少。彩绘大多在泥质红陶上，少数在灰陶或黑陶上。一般绘在钵、盆及罐的上腹或口沿上。彩色主要是红彩、赭彩，黑彩较少。常见纹样有两相背弧线三角中平行线纹、钩纹、背云纹、叠人字纹、睫毛纹、圆圈点纹、螺旋纹、带形网纹、三角形网纹、平行直线中夹垂直线纹等。器形有敛口钵、折腹盆、高领罐、瓮、杯、器盖等。这一类型的文化遗存在冀南的邯郸百家村、磁县界段营、下潘汪、邢台柴庄等都有发现，表明它是仰韶文化的一个地方类型[26]。

（二）仰韶文化研究的蓬勃发展

20 世纪 30 年代后期及 40 年代虽有学者们的努力，对仰韶文化的研究做出了一定的贡献，但中国史前文化二元对立的学说、仰韶龙山"混合文化"的错误认识以及甘肃仰韶文化与仰韶文化的关系等并没有彻底解决。新中国建国伊始，这仍是中国考古学上亟待解决的问题。后来随着对仰韶文化遗址的调查和发掘，新的发现一个接着一个，遂使仰韶文化的研究不但解决了先前遗留的老问题，同时也提出了新的问题。

1. 仰韶文化性质的进一步澄清

前述吴金鼎对全国新石器时代陶器的对比研究以及尹达依据豫北考古新资料的研究所得出的仰韶早于龙山、二者是不同文化系统的认识，对学术界有一定影响。但二元对立的学说、

"混合文化"的说法仍然存在，一直到 1951 年中国科学院考古研究所河南考古调查团对点军台和仰韶村遗址调查试掘后，还认为这两处遗址是仰韶和龙山的"混合文化"。所以说仰韶和龙山的关系，仍有进一步澄清的必要。后来随着考古工作的开展，在豫西、晋南和关中的庙底沟、三里桥、西王村、客省庄、横阵等很多遗址都发现了仰韶早于龙山的地层关系。同时还发现了由仰韶向龙山过渡性质的文化内容，使以前讨论很久的问题得到了彻底的解决，同时对仰韶村遗址本身的文化内涵及整个仰韶文化的性质也得到了一定程度的澄清。正如安志敏所说："在渑池以西的许多遗址的调查和发掘中，所发现的仰韶和龙山两种文化，不仅有层次上的分别，在文化内容上也互不相同，并不见有所谓'混合'的痕迹。据最近在河南陕县庙底沟和三里桥两个遗址的发掘，基本上明确了仰韶村遗址的文化内涵。因为上述两个遗址的不同层次和不同文化的遗址都见于仰韶村，印证了安特生发表的所谓仰韶文化的遗物，实际上是包含了仰韶、龙山早期、龙山晚期和东周四个时期的遗物。因此对于仰韶文化的以及很多混乱的概念都可以得到一定程度的澄清"。又说："从庙底沟二期文化的发现，不仅说明它具有仰韶到龙山的性质，也说明了河南、山西和陕西的龙山文化可能继承了仰韶文化而继续发展的。至于山东等地区的龙山文化则可能另有来源"[27]。

关于甘肃仰韶文化的问题，在 30~40 年代学术界对安特生的六期说已经给予了批判，并提出了齐家文化、马家窑文化、辛店文化、寺洼文化及沙井文化的命名，遂使安特生所造成的仰韶文化的混乱现象得以基本澄清。但甘肃仰韶文化（马家窑文化）与仰韶文化的关系以及各个文化的来源、分布、特征等都未搞清。1949 年后随着甘肃考古工作的开展，这些问题都得到了不同程度的解决。1957 年甘肃省文物管理委员会在临洮县调查时，在马家窑—瓦家坪遗址发现了上部为甘肃仰韶文化马家窑期遗存，下部为仰韶文化遗存的地层叠压关系。这一地层关系的发现，表明甘肃仰韶文化是晚于仰韶文化的遗存，它们之间的相互关系得以澄清[28]。

2. 仰韶文化一般特征的新认识

虽说仰韶文化是中国考古学上发现最早的考古学文化，但由于安特生等早期学者的考古方法和技术受时代的局限性，致使仰韶文化本身存在着不少的问题，诸如文化性质、分布问题、文化内涵及文化特征等，都不甚清楚或造成了一定的混乱。新中国建立以后，随着考古学的发展，对各地大规模的文物普查、考古调查及重点遗址的大面积发掘等，使我们对仰韶文化的一些问题都取得了新的认识。

仰韶文化的分布大体上以豫西、晋南及关中地区为中心，向周围扩散，西达甘青洮湟下游[29]，北至内蒙古中南部[30]、晋北[31]、冀西北的长城沿线[32]，东至豫东北地区，南至汉水中上游等地。从遗址分布范围的广大及稠密程度等情况来看，仰韶文化当是黄河流域经过长期发展的一种土著文化，是中华远古文化中的主体文化之一。

仰韶文化的一般特征为遗址多位于河流两岸的第二台地上，尤其于两河的交汇处多有遗址分布。遗址面积广大，从数万到数十万平方米不等，最大的达八九十万平方米。地下灰层较厚，一般有一二米，有的达四五米厚，包涵物丰富，可证明当时人类是集中居住所形成的聚落。遗址内都有居住建筑遗存，以西安半坡、宝鸡北首岭、洛阳王湾及彬县下孟村等遗址发现较多，保存较好。有方形和圆形的半地穴式房址，也有平地起建的房址，它们的四壁或周壁及房址中间都有柱洞遗存，在庙底沟还发现用砾石作柱础的现象，房内多有火膛设置以及生产工具和生活用具陈放。房址的发现表明当时房屋已经出现。遗址中都有各种不同形状的灰坑发现，它们分布在居住区房屋的附近，多为储存粮食及什物的窖穴，废弃后便填以垃圾灰土。在不少遗址中常发现有烧制陶器的窑址，为我们了解当时的制陶技术提供了一定资料。在一些遗址中多有成片的墓地发现，有单人仰身直肢葬，也有多人二次合葬，有个别的俯身葬，绝大多数头向西或西北，为浅竖穴土坑墓，除个别情况外一般无葬具。有随葬品的占半数以上，一般的随葬二三件实用陶器，个别的随葬器物较多，除陶器外还有装饰品如骨珠、坠饰等，有的用生产工具如石斧等随葬。儿童多采用瓮棺葬，多数遗址都有发现。半坡遗址因发掘面积较大，保存也好，其聚落内的布局比较清晰，整个聚落分居住区、制陶区及墓葬区，一条大型壕沟将居住区和墓葬区隔开，居住区内的房屋布局也颇有规律。在仰韶文化遗址出土的全部遗物中以陶器最为丰富，特征也最为显著。陶器的质料主要是细泥红陶、泥质红陶、夹砂粗红陶、泥质灰陶和夹砂粗灰陶，也有极少的泥质黑陶和白陶。制法以手制为主，有的口沿经慢轮修整。器形比较简单，主要有小口尖底瓶、圜底钵、深腹碗、卷沿深腹或折腹盆、大口深腹平底罐、细颈壶、盂等。豫西多鼎，豫北多红顶碗。陶器表面多为素面或磨光，不少器表饰有绳纹、划纹、线纹、附加堆纹及彩绘等。彩绘多施于器表，绘于器内者也有，彩绘纹样主要是几何形图案，由于地域和时间的不同，纹饰的结构和繁简有所差别，动物纹较少，如半坡、北首岭的人面纹、鱼纹，泉护村的鸟纹，庙底沟的蛙纹等异常生动。仰韶文化的彩陶在全部陶器中仅占很少的数量，最多的也不过百分之十至二十，甚至在有的遗址中极为少见。除了陶制容器外，还有陶制的生产工具、装饰品及玩具等，如陶刮削器、陶刀、陶纺轮、陶环、陶笄、陶塑人物、动物形象及陶弹丸等。仰韶文化遗址中，都有石器出土，石器除个别遗址打制的较多外，一般遗址多为磨制，有斧、锛、凿、刀、铲、锄、镞、磨盘、磨棒、砺石、纺纶、环等。骨角器也是常见物品，有铲、凿、锥、针、镞、鱼钩、鱼叉、矛等。当时的生产是以农业为基础的，从大量农业生产工具的发现和粟壳的发现，都充分说明了当时的生产活动及经济生活是以农业为基础的。从圈栏的发现及猪、狗、羊、鹿、鱼等骨骼的发现，表明当时的家畜饲养和渔猎也是经济生活的辅助性来源。从墓葬及其他资料所反映的情况来看，当时的社会发展阶段可能是属于母系氏族社会的繁荣时期[33]。

3．仰韶文化类型的划分和分期的讨论

由于仰韶文化延续时间长，分布地域广，各时期、各地域的文化面貌自然会不尽相同，因而在学术界对仰韶文化的研究中，提出了划分类型的意见。最早对仰韶文化提出划分类型的是中国科学院考古研究所编著，1959年9月出版的《庙底沟与三里桥》一书，认为仰韶文化大体上可以分为两种类型：一种是彩陶数量多，纹饰复杂，器形以曲腹的碗、盆为主，但不见圜底的钵形器；另一种是彩陶数量少，纹饰简单，有大量的圜底钵，不见曲腹的碗、盆等器形。庙底沟是属于前一种类型，三里桥则属于后一种类型。1959年10月安志敏和石兴邦发表在同一期《考古》上的论文，都认为仰韶文化应分为半坡

类型和庙底沟类型，但对它们谁早谁晚的问题，意见不一。安志敏认为："这两种类型往往交错存在，说明绝不是由于地方性的区别，而可能是代表着时间上的早晚，可惜还没有发现明确的地层证据。据我们不成熟的意见，后一种类型（即庙底沟类型）较原始，可能代表的时代稍早"。石兴邦则认为："在半坡遗址中有确实可靠的层位关系，证明属半坡这一类型的遗物是早的。因此，目前可以这样说：仰韶文化早期的发达地区可能在渭水流域，渐次扩及其他地区"[34]。1961 年 12 月出版的中国科学院考古研究所编著的《新中国的考古收获》一书，也提出目前基本上可能将仰韶文化分为半坡和庙底沟两个类型，至于它们的早晚关系，列举了安志敏和石兴邦的不同看法，并未指出何者正确。1962 年初杨建芳在《考古学报》上发表论文，认为仰韶文化可分为四个地区五个类型，即豫西晋南分布有西阴村类型、秦王寨类型、三里桥类型；豫北冀南有后岗类型（大司空村、钓鱼台及小屯的仰韶文化遗存应归秦王寨类型）；关中及其附近地区有西阴村类型和半坡村类型；甘肃的渭泾上游地区有西阴村类型。并认为在这些类型中，西阴村类型最早，其他都是晚期类型，特别是后岗类型应当最晚[35]。1962 年石兴邦对以前的看法有所改变，认为半坡和庙底沟两个类型的关系是平行发展的而不是早晚关系[36]。1963 年方殿发表文章对杨建芳关于仰韶文化类型的划分提出不同意见，认为杨建芳提出的西阴村类型、三里桥类型、秦王寨类型都是欠妥的，因为西阴村是早年李济按水平层位的发掘方法划分地层的，是不科学的，三里桥发掘面积尚少，反映的文化面貌尚不全面，秦王寨系调查材料，未经过大规模的科学发掘，所以是不合适的。并认为杨建芳关于秦王寨类型的分布"概括得过于广泛"[37]。同时，还有不少学者发表过这方面的不同意见。
1965年苏秉琦在《关于仰韶文化的若干问题》一文中，在论
述仰韶文化类型的划分及分期问题时，有几点是很有指导意义
的，他认为首先应把半坡、庙底沟两个类型的概念加以澄清，
遂提出：第一，半坡遗址的上层或晚期不宜算作半坡类型的一
部分；第二，以北首岭下层和元君庙下层等为代表的文化遗
存，应与半坡类型划分开来；第三，洛阳地区王湾等遗址的仰
韶文化遗存不宜归入庙底沟类型；第四，以芮城西王村（下
层）、夏县西阴村等为代表的仰韶文化遗存也不宜归入庙底沟
类型。另外，豫北冀南的大司空村类型和后岗类型遗址，不宜
归入庙底沟或半坡类型。在讨论半坡类型和庙底沟类型的关系
时，他认为两者是大体同时的，具体来说即"半坡类型和庙底
沟类型是仰韶文化在长期发展过程中形成的诸变体中两种主要
的变体。而不是仰韶文化先后发展的两个阶段"[38]。

上述仰韶文化类型的划分和分期的讨论中，提出的类型有
半坡类型、庙底沟或西阴村类型、三里桥类型、秦王寨类型、
后岗类型、大司空村类型、钓鱼台类型、百家村类型及南杨庄
类型等。在讨论中对半坡类型和庙底沟类型少有异议。苏秉琦
提出将半坡遗址晚期及北首岭、元君庙下层从半坡类型中区分
出来的意见，使半坡类型的特征更加突出，从而可以减少讨论
中的混乱。方殷异于杨建芳而提出的西阴村类型应改称庙底沟
类型的意见得到了学术界的公认，三里桥类型、秦王寨类型方
殷认为命名过早。后岗类型和大司空村类型，虽说郑绍宗、唐
云明曾提出过钓鱼台类型、百家村类型及南杨庄类型，但有趋
同的倾向，即将钓鱼台类型归入庙底沟的类型，百家村一类归
入大司空村类型，南杨庄一类归入后岗类型[39]。从总的情况

来看，将仰韶文化暂时划分成半坡类型和庙底沟类型，是学术界比较一致的意见，其他类型的命名一般认为还有待于继续工作，待积累资料比较充分时，再加确定。在对仰韶文化诸类型划分的同时，不少学者指出，在已命名的诸类型之外，还可能有其他的类型，但目前还不完全清楚，还有待继续工作来定。关于仰韶文化的分期问题，众说纷纭没有定论，在主张仰韶文化划分为半坡、庙底沟两个类型的意见中，孰早孰晚，有三种不同意见：一是庙底沟早于半坡，二是半坡早于庙底沟，三是两者同时。杨建芳划分的五个类型中，认为庙底沟（西阴村）类型属于早期外，其余都属于晚期。但不少学者认为三里桥仰韶遗存应比庙底沟仰韶遗存早，他们以下孟村发现的地层叠压打破关系及陶器器形、纹饰的演变规律为依据，论证了这一看法[40]。另外在讨论中，由于对类型一词涵义的理解不同，以及对原始、进步、退化或由简到繁或由繁到简演变规律的运用不同，而得出的结论也不同，有的文章在运用考古资料时，有以个别代表一般、局部代替整体、以点带面的不够严谨的缺点。同时，也有学者对如何确定文化类型和文化分期的问题提出了宝贵意见，如苏秉琦指出：确定文化类型的基础是对于若干重要遗址文化特征要进行比较分析；而讨论一个文化的年代分期问题则首先应对一些重要遗址的文化遗存进行分期研究。一些学者正是按照这一指导性的原则进行考古学研究的。如严文明在这一时期对王湾、西阴村、仰韶村、三里桥及庙底沟等遗址的研究[41]，都是苏秉琦理论的实践。严文明的实践又被苏秉琦总结成理论原则，这一原则又发扬光大，影响了整个考古界的正确学风。

4. 仰韶文化社会发展阶段的讨论

随着对仰韶文化综合研究的开展，特别是对一些重要问题研究的深入，关于仰韶文化社会性质的研究也开展起来，一度在考古界引起了热烈的讨论。在讨论中大体有三种不同的意见：一是母系氏族社会，二是父系氏族社会，三是早期是母系氏族社会、晚期开始孕育新制度的萌芽。这一问题是 1959 年出版的《庙底沟与三里桥》一书的有关论述所引起的。该书的编著者在论述仰韶文化的社会性质时，指出"当时的社会组织是属于母系氏族的繁荣时期，氏族成员在生产资料公有的基础上，共同生产平均分配，而当时的对偶家族还没有形成独立的经济单位，家庭经济是由数个家庭以共产制的基础来经营的。当时的大型房屋绝不是对偶家族的几个人所能完成的，而有赖氏族成员的共同协作，在这样的前提之下，母系氏族社会已达到了繁荣的时期"[42]。此后，安志敏、石兴邦在 1959 至 1960 年发表的有关仰韶文化的文章中，都认为仰韶文化的社会性质是母系氏族社会。1961 至 1962 年柳用能、吴汝祚、阳吉昌及杨建芳等，在评论《庙底沟与三里桥》时，都对仰韶文化的社会性质属于母系氏族社会的提法，提出了很多修正、补充和完善的意见[43]，吴汝祚、方杨、张忠培及王珍等，专门对仰韶文化的墓葬资料进行分析研究，论证仰韶文化时期的社会组织、社会性质问题[44]。如张忠培根据恩格斯在《家庭、私有制和国家的起源》中所记述的塔斯卡罗拉人（Tuscaroras）的墓地情况，对半坡类型诸遗址的墓地进行分析研究，认为半坡、北首岭、元君庙及横阵四遗址的墓地是部落墓地，元君庙墓地的各排及横阵墓地的各大坑是氏族墓地，元君庙各排内的各墓坑、横阵各大坑内的各小坑是家族墓。并认为半坡类型各

遗址的墓地中多有对女性墓放置随葬品较一般人为多的情况，
是对妇女实行厚葬、妇女生前的社会地位较高的反映，元君庙
的 M419、M429，半坡的 M152 及北首岭的 M409 等都是明显
的实例。这一现象表明这一时期是属于发达的母权制社会的发
展阶段。1963 年西安半坡遗址的发掘报告出版，编著者参照
几年来的讨论情况通过半坡遗址的实际资料对仰韶文化的社会
组织、社会性质进行了认真的研究，其论述得到了学术界的赞
许，被认为是比较全面而切合实际的。半坡报告的编著者认为
半坡遗址仰韶文化遗存所反映的社会性质相当于母氏族公社的
繁荣时期。当时的锄耕农业是构成母系氏族社会基本的和决定
的因素之一，农业生产劳动主要由妇女担任，她们在经济上起
着主要作用。当时人与人的关系是以对偶婚的形态联系起来
的，对偶家庭是这时社会的基本构成单位，妇女固定在自己的
氏族中，而丈夫随妻子在一定时期内共同生活，鉴于这种婚姻
关系并不稳定，因而以女子为中心的经济形态下便由几个对偶
家庭而形成以血缘纽带为中心的共产制的家庭经济单位，共同
经营氏族生活，子女跟随母亲，世系也只能从母亲计算。在埋
葬习俗上，半坡 M38、M39 同性合葬，北首岭男女分别埋葬
以及横阵的二次集体合葬和小坑集合于大坑的葬制等，都是母
系氏族社会的特点。至于妇女的随葬品多于男子的情况更不待
言。并认为"鱼"可能是半坡氏族的图腾，半坡遗址可能是几
个氏族所组成的一个胞族或一个部落的居址。西安半坡这一典
型的仰韶文化母系氏族制的遗址，在整个仰韶文化的研究中，
有其典型或代表性的意义。

　　在这场热烈的讨论中，惟有许顺湛提出了与众不同的见
解，认为仰韶文化已进入父系社会。他早在 1960 年就提出了

这一观点，他认为在仰韶文化以前有一个游牧社会时期，对畜群的驯养和管理都是男性的事情，在家庭经济地位上把妇女排挤到第二位了，父权制已代替了母权制。"到了仰韶时期，男子主要参加农业生产，也兼搞一些渔猎，妇女在家做饭、纺线、织布、缝衣、照顾孩子和料理家务。生活资料主要靠男子生产获得，妇女已趋于附属地位，男子是家庭中的领导。在仰韶时期父权制大家庭，实际是家庭公社。一切生产资料是集体所有制"[45]。1962 年在《"仰韶"时期已进入父系氏族社会》一文中，又重申了他的观点，将"仰韶母系说"的论据归纳为八条进行批驳，并提出三条理由论证仰韶时期已进入父系氏族社会。这三条理由是：一是仰韶时期是处于第一次社会大分工之后；二是仰韶墓葬随葬品的悬殊、葬具的差别是私有制产生、不同阶层形成的反映；三是在庙底沟二期文化的华县泉护村、信阳三里店遗址中发现有陶祖，是仰韶时期父系氏族社会在意识形态上的反映[46]。许顺湛的这两篇文章发表之后，引起了考古界的重视，遂有张勋燎、杨建芳及周庆基等商榷文章的发表[47]，都对许文的"仰韶父系说"论据提出了不同意见，并提出了"仰韶母系说"的各种理由，进行讨论。就当时看来，"仰韶母系说"在学术界是认同的，"仰韶父系说"是学术界难以接受的。但问题并不简单，谁是谁非尚难定论，还有待考古工作的开展，发掘资料的积累，再作进一步的研究。

在这一讨论中，还有第三种意见，即 1965 年苏秉琦在将仰韶文化诸遗存区分为早晚两期的基础上，认为两期的文化面貌具有明显的差异，表现在社会生活的一切方面。诸如生产工具的制作技术后期比前期有明显的进步，切锯技术、钻孔技术都较前期增多或普及。制陶技术后期出现了小件轮制陶器，后期的墓葬也有变化，氏族墓地的埋葬秩序开始被破坏及少数墓的厚葬，房屋除单间式的以外还出现了双间或多间式的等等。根据这些情况他认为："我们自然还不能断言仰韶文化的晚期，私有制已经出现，'家'已经成为社会基本单位。但是我们可否说它业已向这方面迈出了第一步呢？"又说："我们似乎不能认为仰韶文化的两期是属于可以不加区别的一个社会发展阶段。看来，它的前期还在原始社会氏族制的盛期——上升阶段，而它的后期则已经越过了这个发展阶段"。最后他指出："我们可否这样说，仰韶文化的后期，正是我国原始社会氏族制从它的上升阶段的终点到它的发生革命变化阶段的起点之间的文化遗存呢？就是说，它的后期还是母系氏族制，但是在它的胞胎内孕育着新的萌芽；而更大的变化则是在它的后期结束以后的文化阶段"[48]。苏秉琦的看法比前两种意见近于合理，对我们继续讨论这个问题颇有启发。

5. 仰韶文化前身的探索

我国新石器时代晚期的文化遗存多有发现，而早中期的一直不曾发现，这是我国考古学上亟待解决的问题。早年安特生曾认为齐家期早于仰韶期的错误观点已为学界所纠正[49]，30年代徐炳昶等在宝鸡斗鸡台戴家湾沟东区发掘时，发现了一种与仰韶文化相似的红色陶片，被认为这里含有比仰韶早的"真正新石器时代文化"[50]。后来也被证实为属于龙山文化的遗存。1958 年至 1961 年北京大学考古专业、中国科学院考古研究所及陕西省考古研究所分别在华县老官台、元君庙、宝鸡北首岭、彬县下孟村及西乡李家村等遗址，都发现了一种不同于仰韶文化和龙山文化的遗存。在元君庙、北首岭和下孟村，它们都被叠压在仰韶文化半坡类型之下，老官台和李家村乃是单一的文化遗存。这类文化遗存的典型陶器有假圈足或圈足的钵、碗，细绳纹加划纹的夹砂罐，以及带三足的钵、罐等[51]。这一新的发现很快引起了学术界的关注，夏鼐指出："它和典型的仰韶文化有密切的关系，而它所代表的文化可能要较早"。又说："这次李家村的发现，才是探索仰韶文化前身的一个较可靠的新线索[52]。苏秉琦也指出这类文化遗存无疑同半坡类型的仰韶文化具有一定的渊源关系"。这一发现及夏、苏二位先生的重要论述，对仰韶文化渊源的探索拉开了序幕。

（三）中国考古学技术方法的提高
促进了仰韶文化研究的深入

地层学　新中国建立后的 50～60 年代，伴随着我国考古学的蓬勃发展，对田野考古技术地层学方法的要求更高。1951年苏秉琦在长安客省庄遗址的断崖上清理发现了仰韶、龙山与西周文化的三叠层，这在关中地区是首次发现三者的年代先后关系。1954 至 1957 年石兴邦主持对西安半坡遗址的发掘中，总结国内外考古发掘的经验，创造性的改进发掘技术，采取大面积揭露布开大小不同面积（2×2 米、4×4 米、4×6 米和 6×6 米）的探方按文化层的方法进行发掘，揭露面积达 1 万平方米。不仅发现了一处布局清晰的原始聚落遗址，同时依据地层的叠压关系和遗存单位的打破关系及出土物的特征，将这里的仰韶文化遗存区分成早晚两期，这在当时已经是很可贵的收获，这是对地层学重视的结果[53]。1956 至 1957 年安志敏主持对陕县庙底沟和三里桥遗址的发掘中，也是采取大面积揭露布开（4×4 米）探方按文化层的方法进行发掘，揭露面积

4480 平方米，在庙底沟发现了仰韶文化与早期龙山文化的地层叠压关系，在三里桥发现了仰韶文化和晚期龙山文化的地层叠压关系。这样的地层关系在豫西尚属首次发现，可见发掘者在实际田野工作中对地层的观察和研究是何等的重要。对这三处遗址的发掘，所采用的田野考古技术方法在全国新石器时代遗址乃至历史时期的遗址发掘中很快得到了推广。后来，北京大学在华县泉护村、元君庙遗址的发掘中，采用半坡、庙底沟同样的技术方法进行发掘，在泉护村发现了与庙底沟遗址基本相同的地层关系，在元君庙发现了一处保存完整的仰韶墓地，其文化性质和年代与半坡早期接近，还发现了早于仰韶的老官台文化遗存和晚于龙山文化的二里头文化遗存[54]。这样复杂的地层关系被区分的清清楚楚，这不能不归功于发掘者对地层学高度重视和发掘技术操作能力的高超。同时中国科学院考古所对华阴横阵、芮城西王村的发掘，北京大学对洛阳王湾的发掘，陕西省考古所对下孟村的发掘等，都发现了不同文化或类型的地层关系。这些重要发现有力地促进了仰韶文化研究的深入。地层学方法的实际操作并不容易，假如一个发掘项目的主持者（领队）没有一定的考古学理论基础、比较渊博的知识以及田野考古技术的实际操作能力，是难以取得理想的成绩的。有些学者正是在这方面存在一定的缺陷，在做过的实际工作中，其业绩平平，遗址内涵中的一些科学信息并未完全抓住。

类型学 在田野工作中要随时注意观察地层的变化和遗迹的叠压打破关系，同时还要用类型学的方法注意地层和遗迹单位中所含遗物尤其是陶器、陶片的变化情况，待发掘工作告一段落后，全部出土物集中在室内整理，对出土物运用类型学方法进行分类排队、比较研究，最后才能进行发掘简报或正式报告的编写。50 年代初期苏秉琦在客省庄遗址试掘时发现了仰韶、龙山与西周文化的三叠层，他从类型学的高度出发，将它们区别为三种不同的文化类型，这在当时对豫西仰韶、龙山被认为是"混合文化"的观点中，是一项很大的突破，对后来的关中、豫西和晋南地区的考古工作具有重要的指导意义。50年代中期苏秉琦主持对洛阳中州路的发掘及报告的整理，对200 多座东周墓葬和出土器物的类型学排比、分析和研究，取得了准确的分期成果，对后来黄河中游地区东周墓葬的年代分期影响很大。《洛阳中州路》（西工段）发掘报告的及时（1959）出版，单从类型学方法论来看，在考古界颇有影响。1958 至 1959 年大跃进在全国展开，大刮浮夸风，蔑视科学否定科学规律的思潮也冲击着考古学，发掘、整理和研究的科学方法成了繁琐哲学，类型学成了资产阶级的伪科学，一些人主张废弃"仰韶"、"龙山"等考古学文化的概念。当中国考古学面临危机的时刻，一些深知这一学科具体规律的学者，毫不犹豫的站出来抵制这一倾向。尹达前往北京大学正在发掘的华县泉护村、元君庙考古工地，对全体师生明确指出：中国资产阶级学者在考古学上没有建立什么体系，我们的首要任务是建立中国的马克思主义考古学体系。夏鼐在 1959 年第 4 期《考古》杂志上发表《关于考古学上文化的定名问题》的重要文章，对什么是考古学文化、划分考古学文化的标准、考古学文化的定名等考古学文化的基本概念都给予了科学的回答，认为考古学文化是"考古学上的特别术语，是有它一种特定的含义"，还提出了考古学文化可以区分类型与期别等问题的启示性见解。苏秉琦在挨批判的时候，仍在强调器物排队对考古学研究的重要，他在华县工地指导工作，始终坚持类型学的方法，使泉护村、元君庙仰韶文化遗存取得了正确分期的结果。上述三位专家以及其他学者对当时错误倾向的抵制，在中国考古学界影响巨大，使中国考古学沿着它自身的科学规律继续前进。在此期间对发掘资料运用类型学方法进行整理、排比、分类研究编写出版的正式考古发掘报告如《庙底沟与三里桥》、《西安半坡》等，都与上述专家的科学态度有密切的关系。安志敏、石兴邦通过对这三处仰韶遗址发掘资料的整理和研究，同时在《考古》杂志 1959 年第 10 期上发表文章，提出了半坡类型和庙底沟类型的命名问题，接着便引起了考古界对仰韶文化区分类型的兴趣，怎样区分，谁早谁晚等，都曾进行过热烈的讨论。遂使类型学方法在仰韶文化的研究中发挥了极大的作用。苏秉琦在 1965 年第 1 期《考古学报》上发表的《关于仰韶文化的若干问题》一文，对什么是半坡类型和庙底沟类型、两个类型的主要文化特征、两个类型的关系等都进行了深入细致的研究。这篇论文是对当时有关仰韶文化区分类型等问题热烈讨论的总结。张忠培指出："这篇文章的重要意义，远远超出了对仰韶文化的类型所作的具体划分，而且在于找到了一条考察各种考古学文化的正确途径：划分区域类型，按类型寻找来龙去脉，依期别分析社会面貌的变化。找到了这条途径，可以认为是类型学方法的又一重大进步"[55]。

注　释

[1] 黄河水库考古工作队：《黄河三门峡水库考古调查简报》，《考古通讯》1956年 5 期。

[2] 石兴邦：《沣镐一带考古调查简报》，《考古通讯》1955 年 1 期。

[3] 苏秉琦、吴汝祚：《西安附近古文化遗存的类型和分布》，《考古通讯》1956

年 2 期。

[4] 中国科学院考古研究所沣西发掘队：《陕西长安户县调查与试掘简报》，《考古》1962 年 6 期。

[5] 张彦煌：《浐灞两河沿岸的古文化遗址》，《考古》1961 年 11 期。

[6] 考古研究所渭水调查发掘队：《陕西渭水流域调查简报》，《考古》1959 年 11 期。

[7] 陕西考古所渭水队：《陕西凤翔、兴平两县考古调查简报》，《考古》1960 年 3 期。

[8] 陕西考古所汉水队：《陕西安康专区考古调查简报》，《考古》1960 年 3 期；《陕西省汉中专区考古调查简报》，《考古》1962 年 6 期。

[9] 陕西省社会科学院考古研究所泾水队：《陕西泾水上游调查》，《考古》1962 年 6 期。

[10] 北洛河流域的调查报告，1966 年在北京《考古》编辑部待发，时逢"文化大革命"骤起，以反"四旧"为名，将编辑部所存稿件付之一炬，在火堆中由安志敏发现此报告稿，顺手捡出残卷。1980 年安志敏来陕西考察渭南史家、北刘及大荔人等遗址时，笔者陪安先生一道工作，夜宿大荔县招待所，暇时向安先生请教学问，安先生从包中取出北洛河考古调查报告被烧残卷示之，除表示惋惜外，我将报告中的遗址登记表进行誊抄，妥善保存至今。否则，这次调查之所得，将前功尽弃。陕北长城沿线的调查报告，由曾骐执笔，他于"文化大革命"中调往中山大学任教，将报告稿转交笔者保存。这两篇报告稿均未发表，特记于此，以示前人功绩不可泯灭。

[11] 北京大学考古教研室华县报告编写组：《华县、渭南古代遗址调查与试掘》，《考古学报》1980 年 3 期。

[12] 甘肃省博物馆：《甘肃古文化遗存》，《考古学报》1960 年 2 期。

[13] 郭勇：《山西十年来考古与文物工作的概况》，《考古》1959 年 2 期。

[14] 中国科学院考古研究所山西工作队：《晋西南地区新石器时代和商代遗址的调查和发掘》，《考古》1962 年 9 期。

[15] 唐云明：《试谈河北仰韶文化中的一些问题》，《考古》1964 年 9 期。

[16] 内蒙古历史研究所：《内蒙古中南部黄河沿岸新石器时代遗址调查》，《考古》1965 年 10 期。

[17] 长办文物考古队直属队：《一九五八年至一九六一年湖北郧县和均县发掘简报》，《考古》1961 年 10 期；中国社会科学院考古研究所长江工作队：《湖北郧县和均县考古调查与试掘》，《考古学集刊》第 4 集，中国社会科学出版

社 1984 年。

[18] 中国科学院考古研究所、陕西省西安半坡博物馆：《西安半坡》，文物出版社
1963 年版。

[19] 中国科学院考古研究所：《庙底沟与三里桥》，科学出版社 1959 年版。

[20] 北京大学考古教研室：《元君庙仰韶墓地》，文物出版社 1983 年版。

[21] 中国社会科学院考古研究所陕西工作队：《陕西华阴横阵遗址发掘报告》，
《考古学集刊》第 4 集，中国社会科学出版社 1984 年版。

[22] 北京大学考古实习队：《洛阳王湾遗址发掘简报》，《考古》1961 年 4 期；严
文明：《从王湾看仰韶村》，见《仰韶文化研究》，文物出版社 1989 年版。

[23] 陕西考古所泾水队：《陕西邠县下孟村遗址发掘简报》，《考古》1960 年 1
期；《陕西邠县下孟村仰韶文化遗址续掘简报》，《考古》1962 年 6 期。

[24] 中国科学院考古研究所山西工作队：《山西芮城东庄村和西王村遗址的发
掘》，《考古学报》1973 年 1 期。

[25] 中国科学院考古研究所安阳发掘队：《1958～1959 年殷墟发掘简报》，《考
古》1961 年 2 期。

[26] 中国科学院考古研究所安阳发掘队：《安阳洹河流域几个遗址的试掘》，《考
古》1965 年 7 期。

[27] 安志敏：《试论黄河流域新石器时代文化》，《考古》1959 年 10 期。

[28] 甘肃省文物管理委员会：《甘肃临洮、临夏两县考古调查简报》，《考古通讯》
1958 年 9 期；甘肃省博物馆：《甘肃古文化遗存》，《考古学报》1960 年 2
期。

[29] 李恒丰：《民和县阳洼坡发现仰韶文化遗址》，《文物》1959 年 2 期。安志
敏：《青海的古代文化》，《考古》1959 年 7 期。

[30] 洲杰：《内蒙古中南部考古调查》，《考古》1962 年 2 期。

[31] 安志敏：《大同云冈附近的新石器时代遗存》，《文物参考资料》1953 年 5、6
期。

[32] 河北省文化局文物工作队：《河北张家口地区新石器时代遗址调查》，《考古》
1959 年 7 期。

[33] 安志敏：《中国新石器时代的仰韶文化和龙山文化》，《历史教学》1960 年 8
期。

[34] 石兴邦：《黄河流域原始社会考古研究上的若干问题》，《考古》1959 年 10
期。

[35] 杨建芳：《略论仰韶文化和马家窑文化的分期》，《考古学报》1962 年 1 期。

［36］石兴邦：《有关马家窑文化的一些问题》，《考古》1962 年 6 期。

［37］方殿：《从庙底沟彩陶的分析谈仰韶文化的分期问题》，《考古》1963 年 3 期。

［38］苏秉琦：《关于仰韶文化的若干问题》，《考古学报》1965 年 1 期。

［39］郑绍宗：《有关河北长城区域原始文化类型的讨论》，《考古》1962 年 12 期；
唐云明：《试谈河北仰韶文化中的一些问题》，《考古》1964 年 9 期。

［40］张忠培、严文明：《三里桥仰韶遗存的文化性质与年代》，《考古》1964 年 6
期。

［41］严文明：《仰韶文化研究》第 1 至 67 页，文物出版社 1989 年版。

［42］同注［19］。

［43］柳用能：《庙底沟与三里桥文化性质的几个问题》，《考古》1961 年 1 期；吴
汝祚、阳吉昌：《关于〈庙底沟与三里桥〉一书中的几个问题》，《考古》
1961 年 1 期；杨建芳：《评〈庙底沟与三里桥〉》，《考古》1961 年 4 期。

［44］吴汝祚：《从墓葬发掘来看仰韶文化的社会性质》，《考古》1961 年 12 期；
方杨：《仰韶文化合葬习俗的几点补充解释》，《考古》1962 年 3 期；张忠培：
《关于根据半坡类型的埋葬制度探讨仰韶文化社会制度问题的商榷》，《考古》
1962 年 7 期；王珍：《略论仰韶文化的群婚和对偶婚》，《考古》1962 年 7
期。

［45］许顺湛：《关于中原新石器时代文化几个问题》，《文物》1960 年 5 期。

［46］许顺湛：《“仰韶”时期已进入父系氏族社会》，《考古》1962 年 5 期。

［47］张勋燎：《〈关于中原新石器时代文化几个问题〉一文的商榷》，《考古》1961
年 9 期；杨建芳：《仰韶时期已进入父系氏族社会了吗?》，《考古》1962 年
11 期；周庆基：《对〈仰韶时期已进入父系氏族社会〉一文的意见》，《考
古》1962 年 11 期。

［48］同注［38］。

［49］参见第三章第二节对安特生甘肃六期说的讨论。

［50］徐炳昶：《陕西最近发现之新石器时代遗址》，北平研究院院务汇报，7 卷 6
期，1936 年。

［51］中国社会科学院考古研究所：《宝鸡北首岭》，文物出版社 1983 年版；陕西
省考古研究所：《陕西西乡李家村新石器时代遗址》，《考古》1961 年 7 期及
《考古》1962 年 6 期。

［52］夏鼐：《我国近五年来的考古新收获》，《考古》1964 年 10 期。

［53］石兴邦：《略谈新石器时代晚期居住遗址的发掘》，《考古通讯》1956 年 5
期。

［54］黄河水库考古队华县队：《陕西华县柳子镇考古发掘简报》，《考古》1959 年
2 期；《陕西华县柳子镇第二次发掘主要收获》，《考古》1959 年 11 期。

［55］张忠培：《中国考古学——走近历史真实之道》第 65～68 页及第 36～37 页，
科学出版社 1999 年版。

五　仰韶文化研究的丰硕成果（一九七一～二〇〇〇年）

（一）仰韶文化遗址的调查和发掘

　　1971 至 2000 年是中国考古学的一个重要发展阶段，对仰韶文化的研究也是如此。在这一发展阶段里，由于我国工农业生产规模的扩大，发展速度的加快，对中国考古学是一个很大的促进。在全国范围内各项建设工程都与文物保护、考古调查和发掘有关。中国考古学为适应这一新形势的需要，积极配合，使自己得到了快速发展，使学科达到了成熟阶段，并走向了黄金时代。仰韶文化的研究，在这一阶段尤其突出，各项工作都取得了丰硕成果。

1. 仰韶文化遗址大规模的普查

　　在国家文物局统一部署和领导下，从 1983 年开始组织全国各省市自治区进行文物普查工作。在对所有文物的普查中，对仰韶文化遗址尤为重视。据统计河南省的仰韶文化遗址已增加到 800 多处[1]，遍布全省各个地区，但以豫西最多，豫中、豫北、豫西南次之，豫东、豫南、豫东南最少；陕西省已增加到 2040 处[2]，也是遍布全省各地，而以关中地区最多，约占总数的 60%，陕北南部约占总数的 28%，陕北北部和陕南地区各占 6%，其中以渭河、泾河、北洛河流域最为稠密，一般县都有 20 多处，凤翔县多达 49 处，延安市的宝塔区竟达 77

处之多；甘肃省 1040 处[3]，主要分布在渭河、泾河上游及西汉水流域，洮河流域仅有零星遗址发现；青海省湟水下游可以认定的有 3 处；宁夏回族自治区见于报道的 7 处[4]；河北省50 多处[5]，多分布在太行山东麓及冀西北地区，其中以冀南较多；山西省 1000 处左右[6]，遍布全省，以晋南最多，晋中次之，晋北较少；内蒙古自治区约 50 处左右[7]，多分布在中南部地区，尤其是准格尔旗、清水河县及凉城县等数量较多，其他县旗较少；湖北省 23 处[8]。九省区合计 5013 处。这个数目十分可观，是我国新石器时代诸考古学文化中遗址最多的原始文化遗存，是对仰韶文化遗址开展田野调查进行得比较彻底的一次普查。各地的普查成果为工农业建设、文物保护及仰韶文化研究都提供了特别重要的资料。

2．仰韶文化遗址发掘的重要收获

这一阶段各地在配合建设项目中或是课题研究中，都依据上述普查资料选择其中的重要遗址作为考古试掘或发掘的对象。从 1971 到 2000 年中央和地方各考古研究机构试掘或发掘的仰韶文化遗址 144 处，其中中国社会科学院考古研究所在各地试掘或发掘的有河南的安阳后岗（续掘）、新郑唐户、临汝中山寨、巩义夹津口、赵城、灵宝北阳平，陕西的武功黄家河、浒西庄、赵家来、蓝田泄湖、子长栾家坪、宝鸡北首岭（续掘），山西的垣曲丰村、小赵，甘肃的天水师赵村，青海的民和胡李家及湖北的枣阳雕龙碑等。国家文物局考古领队培训班在河南发掘的有郑州西山。中国历史博物馆考古部在山西发掘的有垣曲古城东关，在河南发掘的有渑池班村。北京大学试掘或发掘的有河南的邓县八里岗、宁夏的隆德页子河、内蒙古的托克托海生不浪等。吉林大学试掘或发掘的有山西的太谷白燕、娄烦童子崖、孝义临水、汾阳段家庄、杏花村、任家堡，河北的易县北福地、涞水炭山、平山中贾壁等。河南省博物馆、河南省文物研究所、郑州市博物馆、郑州市文物考古研究所，洛阳、南阳、濮阳文物工作队及郑州大学试掘或发掘的有淅川下王岗、郑州大河村、后庄王、登封双庙、八方、荥阳点军台、青台（续掘）、方靳寨、禹县谷水河、临汝北刘庄、洪山庙、洛阳矬李、焦村、长葛石固、方城大张庄、尉氏椅圈马、新乡洛丝潭、丁固城、巩县双槐树、里沟、偃师高崖、渑池仰韶村（续掘）、孟津妯娌、寨根、伊川孙村、伊阙城、新安太涧、三门峡南交口、濮阳西水坡、焦作𬊤城寨、灵宝涧口等。陕西省考古研究所、西安半坡博物馆、宝鸡考古队、汉中文物管理委员会及西北大学试掘或发掘的遗址有西安半坡（续掘），临潼姜寨、原头、邓家庄、零口、渭南史家、北刘、华县梓里村、商县紫荆、洛南焦村、大荔梁家坡、曲里、铜川李家沟、吕家崖、瓦窑沟、合阳吴家营、长安花楼子、扶风案板、岐山王家嘴、宝鸡福临堡、纸坊头、北首岭（续掘）、高家村、南郑龙岗寺、西乡红岩坝、何家湾、城固莲花池、汉阴阮家坝、紫阳马家营、眉县白家、陇县霸关口、安康柏树岭等。山西省考古研究所、山西大学试掘或发掘的遗址有长治小神村、河津固镇、侯马乔山底、褚村、五台阳白、大同马家小村、翼城枣园、北橄、新绛光村、离石马茂庄、夏县西阴村（续掘）、洪洞耿壁等。河北省文物管理处、河北省文物研究所、邯郸文管所、保定文管所试掘或发掘的有蔚县三关、四十里铺、琵琶嘴、容城午方、上坡、永年北石口、洛关、正定南杨庄、武安西万年、城二庄、安新梁庄、留村等。甘肃省博物馆、甘肃省文物研究所、庆阳博物馆试掘或发掘的有秦安大地湾、王家阴洼、宁县阳坬、合水孟桥、正宁孟家坡、西峰南佐疙瘩渠等。内蒙古文物考古研究所、内蒙古社会科学院历史研究所、乌兰察布盟博物馆试掘或发掘的有清水河白泥窑子、后城嘴、庄窝坪、准格尔周家壕、寨子上、白草塔、南壕、二里半、官地、鲁家坡、包头阿善、西园、察右前旗庙子沟、凉城红台坡、狐子坡、东滩、王墓山、石虎山、商都章毛乌素、丰镇北黄土沟等。如果按年代分,70 年代试掘或发掘的有 27 处,80 年代有 71 处,90 年代有 46 处。如按地区分,河南 40 处,陕西 37 处,山西 21 处,河北 15 处,甘肃 7 处,内蒙古 21 处,宁夏、青海、湖北各 1 处。144 处中有 7 处是以前发掘过再次进行发掘的。这一阶段的发掘面积总计达 146415 平方米;获得了很多重要发现。据不完全统计,已发现房址 1263座,窖穴或灰坑 6148 个,灶坑 145 个,陶窑 74 座,壕沟 62条,土坑墓 2267 座,瓮棺葬 1098 座,圈栏 2 座,牲畜夜宿场 2 处,猪坑 2 座,道路 3 条,石器制造场 1 处,制陶作坊 1处,祭祀坑 4 处,城址 1 处。生产工具、生活用具及装饰品等各类文物 5.5 万多件。这样丰富的发掘资料为仰韶文化研究的深入打下了坚实的基础。

姜寨遗址

姜寨遗址位于临潼县城北约 1 公里处,面积约 5 万平方米。西安半坡博物馆等从 1972 年至 1979 年进行了 11 次科学发掘,揭露面积 17084 平方米。共发现五期不同的文化遗存,第一至四期属仰韶文化的四个类型,第五期属客省庄二期文化。第一期文化遗存,属半坡类型。第二期文化遗存,属史家类型。第三期文化遗存,属庙底沟类型。第四期文化遗存,属半坡晚期或西王村类型。

在第一期文化遗存中，发现房址 120 座，有大、中、小三种。平面有方形、圆形、椭圆形及不规则形。营造方式有地穴、半地穴及地面建筑三种。建筑方法、结构及房内设施与半坡早期房址相同。灶坑 259 个，其中 78 个发现于房内，其余均属遗址内零星发现，应是房屋废弃后的残留。柱洞 2000 多个，可分为普通柱洞和硬泥圈柱洞二种，前者最多。灶坑和柱洞均属房屋结构的一部分。120 座房屋的平面布局，都围绕中心广场而建，分为五个部分，即东、南、西、西北、北五个建筑群。东部 35 座，南部 38 座，西部 16 座，北部 20 座，西北部 11 座（西部未全部发掘，北部和西北部被现在村民住宅所压，出土房址较少）。这五个建筑群中均有大型、中型、小型房屋，每个建筑群中均以大型房屋为主体，中、小型房屋围绕主体而建。这五个建筑群构成整个聚落的居住区，是聚落的主体。在居住区内发现窖穴和灰坑 297 个，成群或零散的分布在各建筑群房屋的附近。烧制陶器的窑址发现 3 座，保存较好，分别位于东部、西部建筑群内。另有一组集中的窑场位于临河岸边。还发现制陶作坊 1 处，即圆形半地穴式房屋内放置有未经烧制的陶钵泥坯和陶泥的堆积。饲养家畜的圈栏 2 处，位于北部建筑群内。看管牲畜的夜宿场 2 处，位于中心广场的西部。广场位于整个聚落的中部，面积 4000 平方米，居住区的五个建筑群分布在它的周围。广场内还有西北、东南走向的道路两条，均用料礓石铺垫而成。壕沟三条，即东部一条、北部一条及东南部一条。系围绕整个居住区而建，既起防护作用，又具排水功能。整个村落的出入口即正门可能位于西南部，直达河边，人们汲水或牲畜饮水，生产、生活出入都很便利。壕沟的东部有两个出入口，门口各设门房一座，这是整个村落的

东便门，出门即是墓地，可供平时祭奠、办理丧事以及南山出
猎或村东耕作、采集之用。北部未设便门，但设有哨所一座。
围沟以外的东部、东北部及东南部有三片墓地，共发现土坑墓
174 座，绝大多数集中的分布在这三片墓地内，有少数零散分
布在居住区内。瓮棺葬 206 座，有少数埋在东部和东南部墓地
内，绝大多数分布在居住区的房屋附近。上述五个建筑群、窖
穴、圈栏、牲畜夜宿场、广场、道路、窑址所组成的居位区和
壕沟、墓地等遗迹，构成了一个基本完整的原始聚落（图七）。

在此原始聚落中发现石、骨、陶、角、蚌等质料的生产工
具 3811 件，生活用具仅陶制容器 939 件，装饰品 385 件，其
他 204 件，总共 5339 件。陶片 100 余万片。生产工具中，用
于农业和日常生产活动的有石斧、石铲、石锛、石凿、石刀、
石敲砸器、石砍伐器、石磨盘、石磨棒、骨铲、骨凿、角铲、
角凿等，约占生产工具总数的 22%；用于狩猎、渔业的有石
镞、石网坠、骨镞、骨矛、骨鱼叉、角矛等，约占 5.6%；用
于刮削兽肉、切削块茎、兽皮加工等日常手工用具的有石刮削
器、陶刮削器及陶锉等，约占 60%；用于纺线、缝衣的有石纺轮、
陶纺轮、石锥、骨锥、骨针等，约占 11.7%；其他生产工具约占
0.7%。生活用具及装饰品的质料、形制、纹饰等与半坡早期相
同[9]。姜寨遗址的重要发现，一是发现了仰韶文化一、二、三、
四期连续发展的地层叠压关系，为关中地区仰韶文化各期各类
型的研究树立了标尺。二是发现了第一期文化遗存的基本完整
的原始聚落布局及其内部的各种设施，为研究仰韶文化早期居
民的社会组织及社会发展阶段提供了极其珍贵的科学资料。

史家遗址

史家遗址位于渭南县城南 15 公里的沈河西岸二级台地上。

面积约 2 万平方米。西安半坡博物馆等 1976 年进行发掘，揭露面积 250 平方米。发现了一处已被破坏的仰韶文化墓地。共清理土坑墓 43 座，其中 40 座为多人二次葬墓，3 座为单人一次葬，头向西。合葬墓中，仅一墓为男性合葬。其余各墓均为男女老少合葬。少者 4 具，多者 51 具，一般 20 具左右。同一墓内的随葬品为死者共有，多为钵、罐、葫芦瓶为组合的生活用具。少数墓内有生产工具随葬。出土物中，生产工具的石器、骨器较少，生活用品的陶器较多。陶器的质料和颜色，以泥质红陶、细泥红陶、夹砂粗红陶和夹砂细红陶常见，其他罕见。器形以敛口圜底或平底钵、卷沿圜底或平底盆、溜肩尖底瓶、带盖直沿敛口鼓腹平底矮罐、竖领鼓腹罐、侈口鼓腹瓮、葫芦瓶、细颈壶等最具特征。纹饰以绳纹常见，其他很少。彩陶更少，彩绘纹饰有直线纹、水波纹、折线纹、弧线纹、圆点纹、鱼纹、鸟纹等[10]。史家遗存的文化特征比较特殊，它既不同于半坡类型，也不同于庙底沟类型，从姜寨遗址和下孟村遗址所获得的地层证据来看，它是介于二者之间的一个新的文化类型，因此命名为史家类型。

大河村遗址

大河村遗址位于郑州市东北郊地势较高的土岗上，南距市区 6 公里，面积 30 万平方米。郑州市博物馆从 1972 至 1987 年进行了 21 次发掘，揭露面积 5641 平方米。这里文化层堆积厚达 12.5 米，文化内涵特别丰富，分为 21 个自然层。包含仰韶、龙山、二里头和商代四种文化遗存，共分十期。其中仰韶文化分七期，都有明确的地层叠压关系，自成连续不断的发展序列。发掘者根据多年来的发掘资料分析，各期的文化性质十分明显。前三期文化遗存的性质与长葛石固第 V 期、尉氏椅圈马一期相近。前二期和前一期文化遗存的特征，既有仰韶文化半坡类型、后岗类型的因素，又有本地自己的特点，可视为后岗类型或豫中仰韶文化的一个早期类型。大河村第一期和第二期文化遗存的特征与庙底沟一期、王湾一期二段相近，应属庙底沟类型。第三期文化遗存的特征与秦王寨、王湾二期相近，应为秦王寨类型。第四期文化遗存属于从仰韶文化向龙山文化的过渡性质。

在大河村遗址已经发掘过的范围内，已发现仰韶文化房址27座，窖穴79个，土坑墓46座，瓮棺葬82座，壕沟2条，猪坑2处。其中第三、四期的房址尤为重要，保存甚好。在房址中有单间、双间、套间和多间连为一体之分。如F1—4，是一座多间式房屋，因失火废弃，房址保存甚好，残留有1米高的墙壁，房内放置什物，原址未动（图八）[11]。大河村遗址的

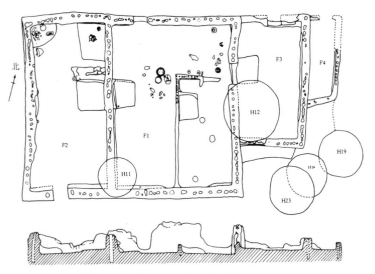

图八　大河村 F1—4 平、剖面图（依原报告）

主要收获有：一是发现了前三期遗存，它可能是豫中地区仰韶文化早期的直接前身，为研究仰韶文化的起源提供了珍贵资料；二是仰韶文化早、中、晚三个阶段连续发展的地层关系，为豫中地区仰韶文化的对比研究树立了标尺；三是仰韶文化晚期各类房址的发现，为研究当时的社会发展阶段提供了重要的科学依据。

下王岗遗址

下王岗遗址位于淅川县西南 35 公里的红石岗上，现存面积 6000 平方米。河南省博物馆文物工作队从 1971 至 1974 年进行发掘，揭露面积 2309 平方米。这里的仰韶文化分为一、二、三期。一期文化遗存的特征既有裴李岗、老官台文化的影响，又有仰韶文化半坡类型的因素，并有自己的特点，可能是豫西南、鄂西北地区仰韶文化的一个地方类型，其年代与半坡类型早期相当，是当地仰韶文化的早期遗存。二期文化遗存的特征，虽有北来史家类型及南来大溪文化的影响，但已经形成了自己的特点。其年代与史家类型接近。是豫西南、鄂西北地区仰韶文化早期后段的遗存。三期文化遗存的特征，与淅川下集、大河村第三期相近，其年代应与仰韶文化晚期相当。

在下王岗的整个仰韶文化遗存中，共发现房址 43 座，窖穴和灰坑 117 个，陶窑 2 座，土坑墓 575 座，瓮棺葬 22 座，生产工具 1935 件，生活用具 1485 件，装饰品 836 件。其中第三期的房址即长屋最为重要。这座长屋位于遗址中部，由 29 间房屋组成，门向南开，东西一排呈条形，面阔约 78 米、进深约 7.9 米，共分 17 个带门厅的套房。其中 12 套为两室一厅，5 套为一室一厅。另有单室无厅的 3 座。有约三分之一的套房内设灶，有的一套一灶，有的一套二灶，最多的一套六灶

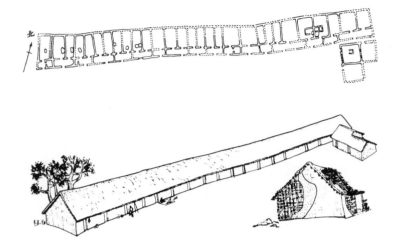

图九　下王岗三期长屋平面、复原及结构图（依原报告）

（F13、F32）。灶多数设在房屋中间或偏在一侧。房内居住面用土铺垫，有的经火烧烤，有的为路土面。长屋的前后有用红烧土铺成的硬面，作为人们活动场所（图九）[12]。下王岗遗址的主要发现有二：一是发现了仰韶早中晚三期、屈家岭、龙山、二里头及西周的地层叠压关系，为了解豫西南、鄂西北地区文化的发展序列提供了珍贵资料；二是仰韶文化晚期的长屋分作不同的套别，与仰韶文化早、中期相比大为不同，对研究仰韶文化晚期居民的社会组织、社会性质具有重要意义。

大地湾遗址

大地湾遗址位于秦安县东北葫芦河支流五营河与阎家沟交汇处的第二、三级台地及山地上，南依山丘，北傍河川。面积约110万平方米。甘肃省博物馆文物工作队从1978至1984年进行了大规模的发掘，揭露面积达14050平方米。这里的仰韶文化分为早、中、晚三期。根据已发现的遗迹、遗物分析，仰韶早期应为史家类型；中期应属庙底沟类型；晚期应为石岭下类型。各期年代约与仰韶文化早中晚期的年代接近。已发现房址 250 座，窖穴和灰坑 405 个，陶窑 39 座，灰沟 6 条，墓葬76 座。陶、石、骨、角、蚌质的生产工具，生活用具及装饰品等 8900 多件。其中以晚期的大房屋 F901 建筑最为重要。

大地湾 F901，包括主室、侧室、后室及房前附属建筑，占地面积约 420 平方米（若不计附属建筑，占地面积 290 多平方米），是我国目前所见仰韶文化房址中规模最大、标准最高的一座大型建筑，其结构已初具前堂后室及东西两厢古典建筑的传统格局。F901 是平地起建，以室内顶梁柱、附壁柱、室外柱和横梁组成木结构骨架，墙壁并不承重，只起隔断和封闭作用。主室的前后墙和东西侧墙，均为木骨泥墙。建造时先立木柱，缚以竹片或树枝编成的篱笆，然后抹草泥数层，为墙体的内外层。墙壁内表面施以料礓石烧制的原始水泥掺三分之二人工烧制的陶质轻骨料混凝土调成的灰浆，使墙面坚硬光滑。居住面更为讲究，先将地面铲平，铺土夯实，上垫 15 厘米厚的红烧土，再上则抹以和墙面相同的原始水泥混凝土，表面用原浆抹面，坚硬光滑，据测试硬度约相当于现代的 100 号水泥。其抗压强度为每平方厘米达 120 余公斤。主室有门五个，正面即南墙正中开一门，为正门，门外设方形门垛；正门东西以相等距离各开旁门一个；又于东西墙的偏后部各开侧门一个，通向两侧室。正门内有一巨大的圆形灶台，其直径为2.51～2.67 米，残高 43 厘米，中部凹陷。灶台后有东西对称的两大圆柱，外径 87～90 厘米，底部为青石柱础，为顶梁柱。前后墙各有 8 个附壁柱，是承载前后梁架的。灶台的表皮面、顶梁柱及附壁柱的表面均为和墙壁内面一样的硬质光面。还有紧贴东西墙外侧的室外柱6个，即东侧2个，西侧4个，是承载两侧梁架用的。这些附壁柱和室外柱之下均有青石柱础。这几种木柱与架设在它们之上的横梁共同组成主室的木构架。东西侧室，破坏较严重，居住面系用黄土铺垫，略高于主室，墙壁的作法与主室相同。主室前面是平坦的路土，路土面上有横向的两排柱洞，西侧柱旁有圆形小火塘一个，柱洞前有一排青石板。这些都是F901的附属建筑。这座大型建筑因失火毁弃，房内什物尚存，主室计有陶器9件，石器4件；西侧室陶器14件，石器1件；后室陶器2件。陶器中除常见的钵、罐、瓮外，还有一些特殊的器形，如平底深腹釜、四足大鼎、条形盘及簸箕形器等，均非一般人平常用品，说明这座房屋应有其特殊的用途，它可能是部落或部落联盟集会议事举行宗教活动的公共建筑。房前的一排柱洞可能是所属各氏族的图腾柱，图腾柱前一排6处青石板可能是放置祭品的地方（图一〇）[13]。

大地湾遗址发掘的主要收获有二：一是老官台文化、仰韶文化早中晚三期及齐家文化地层叠压关系的发现，为研究甘肃东部新石器时代诸文化的发展序列提供了重要的地层和实物资料；二是仰韶文化晚期的F901及F405大型建筑的发现以及F411地画的发现等都特别重要，为研究仰韶文化晚期的社会发展阶段提供了新的依据。

　西山遗址

　　西山遗址位于郑州市北郊23公里处的古荥镇孙庄村西，枯河北岸的二级阶地上，面积约20万平方米。国家文物局第七、八、九期考古领队培训班于1993年至1996年先后在此举办，对遗址进行了大规模发掘，揭露面积6385平方米。西山遗址的文化层堆积，以仰韶文化遗存为主，发掘者将其区分为

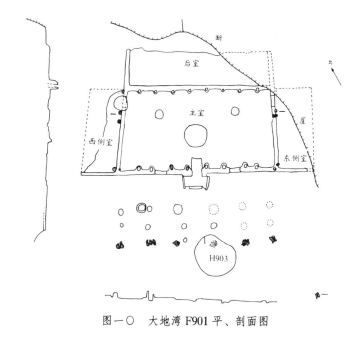

图一〇　大地湾 F901 平、剖面图

先后连续发展的七组。第一组陶器特征与大河村前一期、前二期较为一致，与后岗一期有许多相似因素。第二至四组遗存最为丰富，文化面貌与庙底沟一期，大河村第一、二、三期接近。第五组陶器特征与大河村第四期接近。第六、七组的文化性质待定。对西山遗址的发掘，已发现圆形城址一座，城内有房址 200 多座，窖穴和灰坑 2000 多个，墓葬 143 座。城址年代始建于第四组时期，第五组时曾大规模重建，第七组时废弃。这里的城址是西山遗址的最重要发现。

西山城址的平面近圆形，直径约 180 米，城内面积原有 2.5 万平方米，因枯河冲刷现存面积 1.9 万平方米。若将城墙、城壕的范围都计算在内，则面积可达 3.4 万平方米。城墙的残存长度 265 米、宽 3~5 米、残高 1.75~2.5 米，现今埋在农耕土之下。城墙的建筑方法是先挖基槽，在槽底平面上采用方块版筑法分段分层夯筑，基槽外侧有环壕。夯层厚约 4~5 厘米，中心版块夯层较厚。夯窝圆形，直径约 3 厘米，深 0.3~0.5 厘米。窝多呈品字形，应为三根一组的集束棍夯。城壕宽度约 4~7 米，西北段墙外宽达 11 米，壕深 3~4.5 米。现存城门二座，即北门和西门。西门设在西北隅，北门设在东北角。西门残存宽度 17.5 米，北门残存宽度约 10 米。北门外侧筑护门墙。护门墙内有南北向的道路一条，宽 1.75 米，纵贯城址的东北部。城内已发现房址 200 多座，均为平地起建的长方形或方形房址。在西门内有一座大型夯土建筑基址，东西长约 14 米、南北宽 8 米。其周围有数座较小的房址分布。已清理的 2000 多个窖穴和灰坑，多分布在地势较高的城内西北部。已发现的墓葬分两处，一处位于城外西部，另一处位于城内北部。城外墓地均为单人葬，无随葬品。城内墓地始于第三组时期，一度废弃，并在其上建房，到第五组时期重新使用。城内墓地既可见成人男子和婴儿合葬（M79），又见成年男女合葬（M85），还有一些墓葬（M86、M97、M106 等）则是一次葬与二次葬的成年男女同穴分层合葬。表明西山遗址的中后期，作为社会基本细胞的家庭结构已发生深刻变化（图一一)[14]。西山城址的发现为研究豫中地区仰韶文化的社会性质，以及中国古代建筑史等都有极其重要的意义。

八里岗遗址

八里岗遗址位于邓州市东约 4 公里的白庄村北湍河南岸的阶地上，现为坡状高岗。面积约 6 万平方米。北京大学考古系和南阳地区文物研究所联合组队于 1991、1992、1994 和 1996

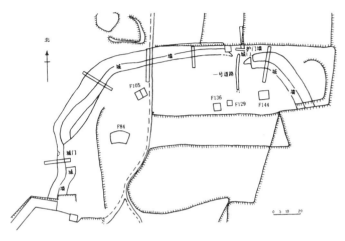

图一一　西山城址平面图

年进行大规模的发掘，揭露面积 2600 平方米。这里的仰韶文
化地层保存最好，遗址、遗物极为丰富，已发现房址 64 座，
墓葬 211 座，窖穴和灰坑 500 多个。发掘者将这里的仰韶文化
分为五段，即一、二段属半坡类型，三、四段与庙底沟类型同
时，第五段大致与半坡晚期的早段相当。这里发现的墓葬年代
较早，房址年代较晚，但后期的大批房址已构成了一个比较完
整的聚落布局，这点应该说最为重要，因为处于仰韶中期庙底
沟类型的遗址被发现的聚落布局尚不多见。已发现的房址从平
面布局来看，可分为南、中、北三大排，每排均为东西走向，
各排间距则 20 米左右。每排房屋的南北宽均为 7～8 米，每排
的东西长度因还在继续发掘，尚不完全了解。中排现已揭露东
西长 70 米，清理房址 15 座。南排已揭露东西长 45 米，清理
房址 5 座。北排在发现居住面后尚未继续清理。这些房址均为

平地起建的分间套式长排连间房，即每座房屋都有多间套组成。各排中的每座房屋及其所属的各间套房屋均东西一字排开，既有连接又有隔墙，异常整齐，由此看来这类长屋应是一次规划建成的。每套房屋一般是一大间和一小间，有的是一大间和两小间。套内的各间均有门道相通，且各套自有门道通向室外。大间面积一般 14~19 平方米，小间约 4~8 平方米。大小间内均有火塘设置，凡是大间的较大一些。门道宽一般 0.5 米，多为侧拉式门。所有房屋的营建方法和程序基本一致，即先用土铺垫地坪，开挖墙基槽树立木柱，后在立柱间用绳将横夹板与密集的立板、木棍绑成长排筋骨，然后在筋骨两侧敷草泥分段堆筑起墙，最后抹光墙面和居住面。房顶系用木板等材料在几面墙体上纵横绑缚网状背底，然后再敷以较厚的草泥，也可能在木板上覆以草顶。房屋的外形呈中间起脊的两面坡式。如中排属晚期的 F34，整座房屋东西残长 18 米、南北进深 7.6 米，现存房间五套，自西向东有三套均为一大间一小间，一套为二大间一小间，最东端的一套因被略晚的 F30 打破而间数不详。房外地坪即每排间的 20 米空地，均为人工铺垫，这两处空地即形成排与排之间的院子，以便人们活动[15]。八里岗仰韶文化遗址所发现的聚落布局为研究仰韶文化中后期的聚落情况提供了极为宝贵的资料，同时为研究当时居民的社会组织结构、社会性质等也具有十分重要的意义。

零口遗址

零口遗址位于临潼县东北 18 公里的零口村东北，零河将遗址分为东西两部分，陇海铁路修筑在遗址之上，现存面积 2 万平方米。陕西省考古研究所于 1994 至 1995 年发掘，揭露面积 470 平方米。发掘者将整个遗址的文化遗存分为四期。第一期属老官台文化，没有完整地层。第二期是介于第一期和第三期之间的文化遗存。第三期属仰韶文化半坡类型。第四期属仰韶文化半坡晚期或西王村类型。其中以第二期的发现最为重要。

零口第二期文化遗存，发现有长方形半地穴式房址，圆形、方形及长方形窖穴或灰坑，还有单人一次葬的土坑墓等遗迹。同时出土有石器、骨器和陶器等遗物。石器有斧、铲、锛、凿、磨盘、磨棒、臼、杵、钻、锉、砺石、砍砸器、敲砸器、石刮器、石核、石片、石球等，铲、锉常见，磨制的多，打制的少。骨器有铲、锥、笄、叉、针等均为磨制。陶器最具特征，陶质陶色以泥质红陶为主，泥质和夹砂褐陶次之，夹砂红陶较少，其他很少。红陶的陶色微偏黄，褐陶分红褐、黄褐。夹砂陶的陶色多不纯正。外红内灰和“红顶”的钵、碗常见。器表以磨光为主，素面和刮划纹次之，斜绳纹和弦纹占有一定比例。还有少量刻槽纹、指甲纹及单色彩绘等。制法多为手制。器形有小口束颈双耳平底瓶、刮划纹罐、弦纹罐、假圈足碗式盆、折腹盆、深腹盆、敛口圜底红顶钵、假圈足碗、红顶碗、圆锥状足罐形鼎、敛口曲腹盂、大口弦纹瓮、杯、器座等等[16]。这些特征既不同于老官台文化，也不同于仰韶文化的半坡类型，相比之下它包含不少半坡类型的因素，但其自身特点也较突出。

（二）专题研究和综合研究的丰硕成果

50～60 年代由于国家对文物考古工作的重视，使仰韶文化的研究取得了空前发展，对仰韶文化的性质、特征基本澄清，对它的渊源、年代、分期、类型划分以及社会性质的研究开始涉及。70 年代后期至 90 年代，由于改革开放的政策，加快了现代化建设的进程，为仰韶文化研究的继续发展带来了新的机遇。田野调查、发掘项目和规模成几倍增长，使我们对仰韶文化的研究进一步深入，前一阶段开始涉及的问题以及诸多新问题的研究都取得了丰硕的成果。

1. 关于仰韶文化起源的研究

关于仰韶文化的起源问题，以前主要是 50 年代末 60 年代初在陕西发现的老官台、李家村一类的文化遗存。直到 70 年代中期，一些新的发现才不断给中国考古界带来惊喜，为探索仰韶文化的起源注入了活力。1976 年在武安磁山遗址[17]、1977 年在新郑裴李岗[18]、密县莪沟北岗遗址[19]的发掘中都发现了有别于仰韶文化的重要遗存，由此而产生了磁山裴李岗文化的命名。在这些遗址的相应地层中采集的碳素标本，经碳十四测定的年代数据远远早于仰韶文化，首次从年代学上证实了在黄河流域确实存在着一种早于仰韶文化的新石器时代遗存。1977 年对宝鸡北首岭遗址再次发掘时，在遗址下层发现了与仰韶文化不同的文化遗存，并发现了它与仰韶文化半坡类型的地层叠压关系，从地层学上证实了该类遗存早于仰韶文化。并在各自相应的地层中采集的碳素标本，经碳十四测定，所取得的各组绝对年代数据与地层关系相对应，从而验证了地层关系的可靠性[20]。但北首岭遗址有一定的复杂性，有一些遗存在具体分析归位时，尚没有认识清楚，讨论至今尚未结束[21]。1979 年在秦安大地湾遗址的发掘中，发现了比北首岭下层年代略早、文化面貌相近的文化遗存，而且直接叠压在仰韶文化半坡类型之下[22]。1980 年北京大学发表了 50 年代末对老官

台等遗址的调查试掘资料[23]，同年在渭南北刘遗址[24]、1982
年在临潼白家遗址的发掘[25]以及在整个关中和陕南的调查发
掘中都发现了和老官台文化相同或相近的文化遗存，并测定了
一批碳十四年代数据，与磁山、裴李岗的年代基本相当。这些
遗址的发现和发掘，从地层学和年代学上都证实这类遗存早于
仰韶文化，并与仰韶文化有密切的关系。但直到 90 年代初期
以前，研究仍然受到考古资料的限制，无法准确地将已有资料
直接与仰韶文化接茬，也就是说这些已经发现的磁山、裴李
岗、老官台文化遗存，与仰韶文化最早的半坡类型及比较早的
后岗类型之间有关系但不甚密切，仍有一个公认的文化缺环问
题。

　　进入 90 年代以后，奇迹终于发生。1991 年山西省考古研
究所在翼城发现了枣园遗址，并清理了一个被破坏的灰坑，获
得了一批相当有价值的考古资料，就是以双耳平底瓶、假圈足
碗、假圈足盆、锥状足罐形鼎、口沿不发达的夹砂罐、折腹小
盆及器座等所组成的器物群。发掘者认为这是与磁山、裴李
岗、老官台文化不同的一种文化遗存，暂被命名为"枣园 H1
遗存"[26]。这一发现，为仰韶文化起源问题的探索带来了新的
信息。其实，在枣园遗址发现以前，1985 年中国历史博物馆
在垣曲古城东关遗址的发掘中，已发现了这类文化遗存，只是
资料到 90 年代中期才发表，而且在认识文化性质和年代时，
被认为"年代大致与西安半坡遗址早期遗存相当"，"是目前晋
南地区已发掘的最早的仰韶文化遗存"[27]。本应较为清楚的问
题，又有些混杂了。1994 年陕西省考古研究所在临潼零口遗
址发掘中，发现了一批与枣园、古城东关等相类似的遗存，还
发现了这类遗存分别与老官台文化、仰韶文化半坡类型的地层

叠压关系。上述枣园、古城东关、零口等遗址发现的这类文化遗存，从地层关系和陶器特征来看，是处于老官台文化与已知仰韶文化半坡类型之间的位置，在关中地区它可能是半坡类型的直接前身，在晋南地区可能是史家类型的直接前身，其间可能还有一段小的缺环。

在豫西南地区，早在 70 年代初对下王岗遗址的发掘中，就发现了早于仰韶文化的内容，它直接叠压在仰韶文化下王岗类型之下，主要陶器有锥状足罐形鼎、假圈足碗（报告称鐎）、弦纹罐、细颈壶（报告称瓶）、直口圜底钵等。当时因无可资对比的同类资料，发掘者谨慎地将其划归仰韶文化早期。在豫中地区，1978 至 1980 年为寻找裴李岗文化和仰韶文化的关系，河南省文物研究所对长葛石固遗址进行了发掘，发现了八期文化遗存，一至四期属裴李岗文化，五至八期属仰韶文化。其中的第五期出土陶器有锥状足罐形鼎、假圈足碗、直口圜底钵、红顶钵、细颈壶、双耳罐、敞口盆等，部分器物与下王岗一期相似。石固五期的地层关系为其下叠压有裴李岗文化，其上为大河村第一、二期文化遗存（属庙底沟类型）[28]。1982 至 1985 年郑州市文物考古研究所为弥补前几年对大河村的发掘均未挖到底的缺陷，采取抽水下挖的方法，从表土向下一直挖到生土，整个文化堆积厚达 12.5 米，从上到下共分 21 层，内含商代、二里头、龙山及仰韶等四种文化遗存。其中仰韶文化分七期，从下向上，从早到晚，为前三期、前二期、前一期和第一期、第二期、第三期及第四期，都有直接的地层叠压关系。前三期出土器物与石固五期相同，是介于裴李岗文化和仰韶文化后岗类型之间的文化遗存。1992 年郑州大学考古系等对尉氏县椅圈马遗址进行发掘，发现的仰韶文化共分四期，其中的第一期文化面貌与石固第五期相同，第二期与后岗类型相近[29]。从上述四处遗址来看，均发现了早于已知仰韶文化早期类型的一类文化遗存，这类遗存在豫西南地区可能是下王岗类型（指下王岗二期）的直接前身，其间可能还有一段小的缺环；在豫中地区可能是大河村前二期、前一期、椅圈马二期即后岗类型的直接前身。在冀中地区，由吉林大学与河北省文物研究所于 1985 年在易县、涞水调查时，发现并试掘了北福地和炭山遗址。在北福地发现了第一期甲类遗存，出土陶器有圆锥状足陶鼎，红顶碗、钵、釜、小口壶、盆等，文化面貌介于磁山文化与仰韶文化后岗类型之间。在炭山遗址也发现同类遗存[30]。这类文化遗存可能是这个地区后岗类型的直接前身。

上述枣园 H1、古城东关Ⅳ区、零口二期、大河村前三期、石固五期、椅圈马一期、下王岗一期、北福地第一期甲类及炭山等一类文化遗存的发现，为研究陕、晋、豫、冀新石器时代文化增加了新的内容，从地层情况来看，它是介于磁山、裴李岗、老官台文化与已知仰韶文化之间的文化遗存，我们认为它可能是已知仰韶文化各区系早期类型的前身。这一认识如果大致不差的话，那么，对仰韶文化起源的研究，又向前推进了一步。不过，要彻底解决仰韶文化的起源问题，还需要做很多工作。诸如：已经发掘过的几处遗址发掘面积都较小，出土资料所反映的文化面貌并不全面，在各地的分布情况尚不清楚，也没有碳十四测定年代数据进行参照，对以前做过的工作有的也需重新认识。凡此等等，都有待继续工作发现更多的科学资料，方能有望彻底解决仰韶文化的起源问题。

2. 关于仰韶文化区系类型及年代和分期的研究

仰韶文化分布于黄河中游的黄土高原及其边缘地区，大约处于北纬 32°～41°、东经 106°～114° 之间。黄土高原的地貌可分为黄土丘陵、黄土塬及黄土川地三种类型。黄土塬以渭河以北发育最好，黄土川地是黄河二、三级支流的冲积平原，是最肥沃的地方。黄土高原基本上处于暖温带，但受地形和季风的影响很大，气候每年随着季节的不同而形成有规律的变化。冬季寒冷干燥，夏季炎热多雨，年降水量 400～900 毫米。据竺可桢研究，仰韶时期的气温可能比现在高2℃[31]。那么，年降水量也自然会比现在多一些。这样的自然条件为仰韶时期人类社会的繁荣发展、人类文化的传播延续，提供了比较理想的有利条件。除了这一适宜的自然地理环境外，还有其重要的历史背景。这里不仅有丰富的旧石器时代、中石器时代人类的文化遗存，而且还有连续发展的新石器时代早中期文化遗存，如目前已发现的距今约 1 万至 8 千年左右的徐水南庄头文化遗存以及 7 千至 8 千年左右的磁山裴李岗文化、老官台文化，稍后的是近年来新发现的翼城枣园 H1 一类的文化遗存，它可能是已知仰韶文化早期类型的直接前身，我们将它作为仰韶文化最早的遗存看待。

仰韶文化就是产生在这样的自然环境和历史背景之中。仰韶文化是我国新石器时代相当发达的一种考古学文化，内涵十分丰富，分布地域辽阔，延续达 2000 年左右。在它的发生、发展及演变过程中，各地区的文化面貌有很大差异，自然形成很多不同的文化类型。从 50 年代末提出将仰韶文化区分为半坡类型和庙底沟类型之后，引起了学术界对仰韶文化类型的划分及其早晚问题的热烈讨论。鉴于 60 年代对仰韶文化区系类型的研究有一定的基础，所以 70 年代以来对这一问题的研究更加深入，特别是苏秉琦在 70 年代积累大量新资料的基础上

发表了《关于考古学文化的区系类型问题》的重要论文之
后[32]，对仰韶文化的研究，很快出现了百花齐放的局面。关
于仰韶文化区系类型的研究，截至目前，考古界的认识颇不一
致：一种意见认为在关中豫西晋南区，可分为半坡、庙底沟、
西王村三个类型；郑洛地区，可分为前后两期，前期以大河村
一、二期和王湾一期为代表，时间与庙底沟类型相当，后期以
大河村三、四期和王湾二期为代表，时间与西王村类型相当；
豫北冀南区，可分为后岗、大司空村两个类型[33]。一种意见
认为，可分为三个地区七个类型，每区的不同类型之间有相对
的早晚关系，有的互相衔接。如关中豫西晋南区，可分为北首
岭、半坡、庙底沟、西王村四个类型，从早到晚依次衔接，基
本代表了仰韶文化的发展过程。在郑洛地区为大河村类型（分
前后两段）；在豫北冀南地区可分为后岗和大司空村两个类
型[34]。一种意见认为将庙底沟二期文化等并入仰韶文化，可
分为八区四期 18 个类型。八区为陕西渭河流域、甘肃地区、
晋南和豫西、河南中部、汉水中游、山西中部、河套晋北和冀
北、冀中南和豫北。四期 18 个类型为：一期有半坡类型、东
庄类型、后岗类型，二期有泉护类型、庙底沟类型、阎村类
型、钓鱼台类型，三期有半坡晚期类型、西王村类型、秦王寨
类型、大司空村类型、海生不浪类型，四期有常山类型、泉护
二期类型、庙底沟二期类型、谷水河类型、义井类型、台口类
型等[35]。一种意见认为可分三区，即宝鸡至陕县为中心区、
陕县至郑州为东支区、宝鸡至甘肃东部为西支区[36]。一种意
见认为可分为四区、四期、八个类型。即关中豫西晋南区有半
坡类型、史家类型、庙底沟类型、西王村类型；豫中区有庙底
沟类型、秦王寨类型；豫北冀南区有后岗类型，大司空村类

型；豫西南鄂西北区有下王岗类型等[37]。有的学者将分布在河北省的仰韶文化分为南阳庄类型、钓鱼台类型、百家村类型、下潘汪类型[38]。分布在内蒙古中南部地区的仰韶文化，文化和类型的命名比较混乱，已命名考古学文化 10 多个，文化类型 10 多个，但随着新资料的积累和讨论有趋同的倾向。对该区仰韶文化早中期遗存，一般认为属仰韶文化系统的地方类型，尚未明确命名，对该区仰韶文化晚期遗存，有学者命名为海生不浪类型，有学者命名为独立的考古学文化，称"海生不浪文化"或"庙子沟文化"，意见颇不一致[39]。近年来在对仰韶文化的区系类型研究中，还有一些新的提法。如有的学者将关中豫西晋南的仰韶文化命名为半坡文化、庙底沟文化或西阴村文化，有的学者将豫中地区的仰韶文化命名为大河村文化，有的学者将豫北冀南的仰韶文化命名为后岗一期文化，有的学者将原来区分的各类型均命名为考古学文化，有的学者将仰韶文化命名为仰韶时代，把仰韶文化周邻地区与仰韶文化同时或某阶段同时的考古学文化统归在仰韶时代之下。这些意见均处于讨论之中，我们相信日后随着考古资料的进一步积累以及讨论的深入，这些看法会逐步达成共识。目前，我们暂依据近年来新发现的考古资料，以及考古学文化和类型的命名原则，并参照学术界的传统看法，对上述意见多加斟酌、适当调整，将仰韶文化划分为六区、五期、19 个类型（或遗存）。这里先叙述区系类型的情况，后叙述年代和分期问题。

关中豫西晋南区　　是仰韶文化分布的中心区，已发现遗址约 2000 多处。自 1921 年发掘仰韶村开始至今已开展过 80 年的工作，发掘遗址最多，揭露面积最大，发现遗迹遗物最为丰富，典型遗址、典型遗迹单位、典型器物群等在其发展的各个阶段特征都很清晰，为该区划分期别和类型奠定了坚实基础，同时也为整个仰韶文化区系类型及其他问题的研究树立了可资对比的标尺。我们将这一地区的仰韶文化，根据各遗址的分期情况，划分为五个类型（或遗存），即：零口二期遗存、半坡类型、史家类型、庙底沟类型及西王村类型。

零口二期遗存　目前发现遗址很少，经调查和试掘的遗址有翼城枣园、垣曲古城东关Ⅳ区、侯马褚村、渑池任村、临潼零口二期，以及掺杂在早年发掘的部分遗址中的遗迹和遗物等。鉴于这类遗存发掘面积尚小，文化面貌不甚清晰，尚不具备命名文化类型的条件。但在零口遗址发现了明确的地层叠压关系，证明它的相对年代晚于老官台文化早于半坡类型，且有一组比较全面的陶器群，所以暂以"零口二期遗存"作为这一类文化遗存的代表，以示与其他类型相区别。这一类文化遗存的特征，已发现的零星房址为半地穴式，墓葬为单人一次葬的土坑墓，窖穴为圆形和方形。出土石器磨制的多打制的少，通体磨光的很少，仅磨刃部的较多。骨器全为磨制。石、骨器的器类都较简单。陶器以泥质红陶为主，泥质和夹砂褐陶次之，夹砂红陶较少。制法多采用泥条盘筑法，小件陶器为捏塑，少数器物口沿有慢轮修整痕迹。纹饰以磨光和素面为主，刮划纹、斜绳纹、弦纹、刻槽纹、戳刺纹、单色彩绘较少。器形以红顶钵、碗常见，钵多圜底，弦纹或刮划纹罐、圆锥状足罐形鼎、假圈足碗、盆、双耳平底瓶等都有一定数量，杯和器座较少。这一群器物在上述各遗址中都较常见。

半坡类型　命名最早，最初的提法是包括整个半坡遗址的遗存，后经苏秉琦、严文明、张忠培的研究才确认为只有半坡遗址早期属于半坡类型，这一界定立即在学术界达成共识，也

符合实际情况。70 年代以来依据新资料的发现，我们将半坡
遗址早期的后段划分出来，命名了新的类型，我们现在说的半
坡类型仅指半坡早期的前段，而后段不应该算作半坡类型。半
坡类型的分布，东到潼关、西到宝鸡、北至洛川、南达汉中，
关中是其中心，向北影响较远可达长城一带。典型遗址有西安
半坡早期前段、临潼姜寨一期、蓝田泄湖第九层、华阴横阵仰
韶早期、华县元君庙仰韶早期、北首岭中期前段、零口三期、
铜川李家沟一期、南郑龙岗寺早、中期等[40]。这些典型的地
层关系反映出它是晚于零口二期早于史家类型的文化遗存。半
坡类型的文化特征主要表现在，在半坡、姜寨都发现了布局比
较清晰的原始聚落基址，很多遗址都发现了大批房址、窖穴、
墓葬、陶窑等重要遗迹。房址多为半地穴式，有部分地面建
筑，窖穴多为圆形或方形袋状，部分有台阶二、三级，墓葬，
成人为土坑墓，有单人一次葬和多人二次合葬，头多向西，有
随葬品的有一半左右，儿童为瓮棺葬，多为瓮或罐与钵或盆相
扣，陶窑多为横穴窑。出土石器磨制的多，打制的少，通体磨
光的少，保留石料皮层的多，器类较多。骨器均为磨制，器类
较少。陶器以泥质红陶、细泥红陶、夹砂红陶为主，色泽纯
正，偏色者少见。制法和零口二期相同。纹饰以绳纹、弦纹、
锥刺纹、指甲纹常见，彩绘很少。彩绘颜色有黑、红两种。纹
样有宽带纹、直线纹、三角纹、网纹、波折纹、人面纹、鱼
纹、蛙纹、鹿纹等，前三者多施于器表、后者多见于器里，尤
其人物、动物形象逼真，栩栩如生，堪称原始艺术之珍品。器
形以直口圜底钵、杯形口鼓腹双耳尖底瓶、卷沿深腹彩陶盆、
大头细颈壶、短唇鼓腹小平底瓮、侈口鼓腹平底罐等最具类型
特征。其他如碗、红顶碗、甑、盂、器座等较少。

史家类型　遗迹、遗物早有发现，70 年代才发现了典型遗址和完整地层，在姜寨、泄湖、大地湾等遗址发现了它与其他类型的地层叠压关系。证明它是晚于半坡类型早于庙底沟类型的文化遗存。其分布仍以关中为中心，西至天水、平凉、庆阳，东到豫西，南达汉水上游，北至延安，其影响可达内蒙古中南部与东来的后岗类型融合为当地的仰韶文化遗存。典型遗址有渭南史家、铜川吕家崖、姜寨二期、半坡早期后段、北首岭中期后段、彬县下孟村一期、秦安大地湾仰韶早期、王家阴洼仰韶早期、天水师赵二期、华县元君庙仰韶晚期（M423、M438、M460 及 M461 等）、陕县三里桥、芮城东庄村、翼城北橄一和二期等[41]。史家类型的文化特征主要表现在，在北首岭、大地湾发现了布局比较清晰的聚落基址，房址营造技术与半坡类型相同，墓葬发现很多，以多人二次土坑葬为主，多数墓有随葬品。出土的石、骨器制作技术、形制、类型与半坡类型基本一致。惟陶器变化较大。陶质陶色制法与半坡类型近同，纹饰除半坡类型常见的绳纹、弦纹、指甲纹外，附加堆纹、齿状纹较前增多，彩陶也有增加。彩绘颜色以黑彩常见，也有红彩和紫彩。纹样有窄条、宽带、弧线、圆点等所组成的各种图案，以及鱼纹、鸟纹、人面纹等。彩绘全部施于器表，姜寨二期的一件彩陶葫芦瓶上同时出现鱼纹和鸟纹，异常别致。器形以敛口圜底或平底钵、卷沿浅腹圜底或平底盆、折腹盆、敛口鼓腹平底罐、坠腹罐、溜肩尖底瓶、葫芦瓶、尖底罐、大型尖底器、小型细颈壶、瓮、碗等最具特征。

庙底沟类型　命名最早，有人将它改为西阴村类型，但一般认为还是称庙底沟类型合适。这一类型分布最广，东到豫东[42]，西达青海民和，南至汉水中上游，北达内蒙古中南部地区（南北已演变为当地的仰韶文化遗存），是仰韶文化势力达到最高峰的时期，并对周邻诸原始文化有一定影响，其中心仍在关中、豫西、晋南。在中心区内有不少大型中心聚落出现，面积都有二三十万平方米，有的达一百多万平方米之大。如咸阳尹家村、耀县石柱塬、华阴西关堡、灵宝北阳平、汾阳峪道河等，都是特大型遗址。已发掘过的典型遗址有陕县庙底沟一期、渑池仰韶村一期、夏县西阴村第二类、芮城西王村早期，华阴西关堡、华县泉护一期、渭南北刘上层、蓝田泄湖第七层、铜川李家沟二期、宝鸡北首岭晚期、秦安大地湾仰韶中期、天水师赵三期、民和胡李家、城固莲花池、洛阳王湾一期二段、偃师灰嘴、郑州大河村第一和二期、长葛石固六期、尉氏椅圈马三期、荥阳点军台一和二期等[43]。这一类型发掘遗址很多，但揭露面积不大，未发现比较完整的原始聚落，大地湾发掘简报称发现房址 100 多座，但平面布局不详。这一类型的房址零星发现的也不少，一般还是半地穴式的单间，但坑穴较浅，双间房已经开始出现，惟有泉护村特殊，是比较原始的居穴。墓葬也较零星，尚未发现整片墓地。出土石器除庙底沟遗址外，一般绝大多数为磨制，切锯、钻孔技术较前普及，通体磨光的数量增加，器类增多。骨器相当精制。陶器以细泥红陶最多，夹砂红陶次之，泥质和夹砂灰陶较少。一般陶质坚硬，个别遗址陶色不够鲜艳而呈褐色泛黄灰色。口沿轮修的数量较前增多。纹饰以线纹最多，彩陶次之，其他较少。彩绘多为黑色，也有红色，部分施红、白陶衣。纹样复杂多变，基本是用条纹、涡纹、弧线三角、圆点及方格纹等组成的各种图案，另外还有鸟纹、蛙纹等。器形有双唇口形体修长的尖底瓶、双唇口或葫芦形平底瓶、曲腹平底碗、钵、深腹彩陶盆、釜、灶、鸡冠耳斜直壁罐、扁足釜形鼎、盂、甑、杯、盘、器座、器盖等，最为常见。但在中心区以外的地区都有一些地域特点。

西王村类型　有人称为半坡晚期类型，二者并行。这一类型的分布范围较庙底沟类型小，因为仰韶文化发展到晚期阶段，分化的趋势增强，各地方地域特征更加突出，比较容易区分为不同的地方类型。西王村类型主要分布在东至渑池，西至宝鸡，南抵陕南，北达陕北、晋中地区。向北影响颇远，可达内蒙古中南部，但中心仍在关中、晋南和豫西一带。这一类型发掘过的遗址也不少，但多居上层，破坏严重，位于下层或单一的遗址发现较少。已发掘过的典型遗址有半坡晚期、姜寨四期、泄湖第六层、西王村仰韶晚期、仰韶村二期、太谷白燕一期一段、汾阳任家堡、扶风案板沟南区、垣曲古城东关Ⅰ和Ⅱ区、宝鸡福临堡三期、铜川李家沟三期等[44]。未发现保存好的原始聚落和成片的公共墓地，只发现一些零星房址。这时的营造技术已有改进，地面建筑较多，分间房屋出现。石器绝大多数为磨制，打制罕见，一般都有整齐的棱角，钻孔技术推广和提高，器类增多，如铲、刀、锄等。骨、角、蚌、陶质的工具种类繁多，制作至为精细。陶器的陶质陶色以泥质和夹砂红陶最多，泥质和夹砂灰陶次之，泥质黑陶最少。红陶的陶色多不纯正，有黄色、橙黄色、红色灰斑、灰色褐斑及褐皮红心等。制法仍为手制，但口沿轮修相当盛行。器形以单唇口鼓肩束腰底呈钝角的尖底瓶、喇叭口阔肩双耳尖底瓶、宽平沿浅腹盆、直壁大口假圈足碗、敛口曲腹钵、带流罐、折沿腹饰附加堆纹粗绳纹鸡冠耳夹砂罐、条带形附加堆纹直壁平底瓮（或缸）等最具特色。纹饰以绳纹最多，附加堆纹、篮纹次之，其他少见。彩陶呈衰败现象（图一二）。

甘青区　　是仰韶文化分布的西部地区，已发现遗址千处左右，陇东比较密集，洮、湟下游只有零星遗址发现。这一地

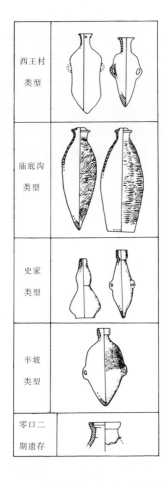

图一二　关中豫西晋南区瓶类演变图

区的史前考古开始很早，起初统称为仰韶文化，后来称为甘肃仰韶文化。马家窑文化，近 20 年来随着考古工作的发展、资料的增多，才逐渐将马家窑文化与仰韶文化的关系搞清，并将马家窑文化从仰韶文化中分离出来。这一地区的仰韶文化我们依据现有资料，分为史家类型、庙底沟类型和石岭下类型。

石岭下类型　命名颇有争议，有人称西王村类型，有人称仰韶晚期遗存，有人称半坡晚期类型，有人将它划归马家窑文化。我们仍称它为石岭下类型，但属仰韶文化的一个地方晚期类型。这个类型的分布情况与这里的庙底沟类型相同。发掘过的遗址有大地湾仰韶晚期、王家阴洼晚期、师赵四期、民和阳洼坡等[45]。石岭下类型的房址发现不少，营造技术高超，像大地湾的 F901，可谓整个仰韶文化先进技术的代表。大地湾乙址的原始聚落也很典型。这个类型的其他遗迹和墓葬发现很少。不同质料的生产工具和用具的制法、技术、器类等都与西王村类型相同或相近。惟陶器特征比较特殊。陶质陶色以泥质橙黄陶、泥质红陶、夹砂红陶、泥质夹砂灰陶常见。纹饰以绳纹、附加堆纹最多，线纹、划纹、弦纹、齿状纹、镂孔较少。彩陶呈衰落趋势，彩色有红、白、黑三种，以黑彩为主。纹样以几何纹图案为主，有弧线三角、花瓣纹、网格纹、旋涡纹、平行线纹、圆圈纹、圆点纹等，还有少量变体蛙纹及动物纹。器形复杂，以平唇尖底瓶、侈口曲腹彩陶盆、喇叭口圆肩鼓腹壶、附加堆纹罐、浅腹盘、平底钵、假圈足碗、宽平沿大口罐等最富特征。从这些特征可明显地看出它和庙底沟类型的渊源关系，这一类型的后继者则是马家窑文化。

豫中区　是仰韶文化分布的东部地区，已发现仰韶文化遗址数百处。郑洛一带遗址比较密集，其东、南、北比较稀疏。这个地区的仰韶文化考古工作开始很早，但多为调查试掘资料，自 70 年代以来，大规模的发掘项目日多，资料积累也较丰富。我们根据现有资料，特别是典型遗址的分期情况，将豫中区的仰韶文化分为四个类型（或遗存）即：石固五期遗存、后岗类型、庙底沟类型及秦王寨类型。

石固五期遗存 目前发现遗址很少，经过发掘的仅有长葛石固五期、郑州大河村前三期、尉氏椅圈马一期等。这类文化遗存，因发掘遗址很少，揭露面积尚小，分布情况不清，出土遗迹遗物所反映的文化面貌还不全面。但石固五期发现较早，所以暂称"石固五期遗存"，以示与其他类型相区别。这类文化遗存的各种遗迹发现很少，规律不详，惟出土遗物自有特征。石器磨制的多、打制的少，器类简单。骨器全为磨制。陶器的陶质陶色以泥质红陶最多，夹砂红陶次之，泥质和夹砂灰陶较少。素面磨光的最多，有纹饰的少，纹饰有刺点纹、刻划纹、弦纹、附加堆纹、乳钉纹等。彩陶很少。彩绘仅见红色或棕红色宽带纹一种。手制，口沿有轮修痕迹。器形简单，以圆锥状足罐形鼎、直口圜底红顶钵、假圈足碗、敞口弦纹盆、双耳鼓腹罐、小口球腹缸、细颈壶、勺等常见（图一三）。这类遗存的相对年代从三处遗址的地层情况来看，晚于裴李岗文化早于后岗类型，与后岗类型的关系比较密切。

后岗类型 这个类型的中心区在豫北冀中南区，豫中地区仅发现郑州大河村、西山及尉氏椅圈马等三处遗址内含这一类型的文化层堆积，即大河村的前二期和前一期、西山的第一组、椅圈马的第二期。其文化面貌与后岗类型相近或相似，有较明显的地域性。如豫中有小口尖底瓶、豆、釜形鼎，豫北没有，而豫北的大口盘，豫中没有。豫中的后岗类型目前还处于

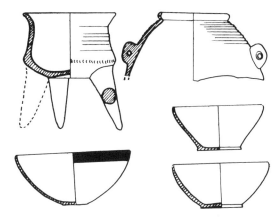

图一三　石固五期遗存陶器

刚刚开始发现阶段，其总的文化特征尚不清楚，有待今后继续开展这方面的工作。

庙底沟类型　在豫中区的分布也比较密集，其文化面貌虽有一些较明显的地域特征，如亚腰尖底瓶、带盖桶形缸等[46]在中心区罕见，但从总的情况来看基本类同，前已述及。

秦王寨类型　是仰韶晚期的一个地方类型，主要分布在郑州、洛阳、许昌、平顶山一带，其他地区较稀少。已发掘过的遗址有郑州大河村三期、西山四组、王湾二期 一至三段、荥阳点军台三期、青台三期等 20 多处[47]。文化面貌清晰，特征明显。已发现城址一座，建房技术先进，多为平地起建，分间或套间房屋已经普及，大河村的分间成排及套间房屋最具典型。成年男女合葬，男子和婴儿合葬墓已经出现。这一类型的生产工具，除常见的外，石犁、石镰、有孔石刀、石锄已经出现，有的已广泛使用。陶器以泥质红陶、夹砂灰陶最多，泥质灰陶、夹砂红陶次之，有的遗址已经以灰陶为主。陶器轮修部分已由器口扩大到器腹。纹饰除常见的外，篮纹和镂孔为新的装饰。彩陶较多，多施白衣。彩色有红、紫、灰、黑配合使用。纹样以网状宽带纹、平行线纹、波浪纹、锯齿纹常见，六角星纹、梳形纹、弧形三角纹、X纹、S纹较少。器形最具类型特征的有罐形鼎、盆形鼎，多鸭嘴形足和方锥形足，口沿断面作铁轨式的砂陶罐、敛口深腹小平底罐、敛口折肩罐，敛口小平底钵、曲腹钵，喇叭口细颈壶，大口斜直腹小平底碗等（图一四）。

　　豫北冀中南区　是仰韶文化分布的东北区，已发现遗址很少，总共不足100处，豫北约30～40处，冀中南约50处左右。历年来做过不少调查、试掘和发掘工作，为这个地区仰韶文化的研究积累了一些资料。我们依据现有材料，将这个区的仰韶文化分为四个类型（或遗存），即北福地一期甲类遗存、后岗类型、钓鱼台类型及大司空村类型。这些类型的遗存均未发现布局比较清晰的原始聚落，已发现的零星房址均为半地穴

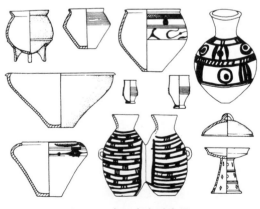

图一四　秦王寨类型陶器

式，除后岗类型外，其余均未发现成片的墓地，已发现的石、骨器分别与中心区同期类型基本相同，惟陶器自具特征。

北福地一期甲类遗存　目前分布情况不详，仅在易县、涞水一带发现了北福地和炭山两处遗址[48]。从北福地的地层叠压关系来看，它晚于磁山文化早于后岗类型，其相对年代清楚。出土陶器以夹砂红陶较多，泥质红陶次之，陶色中有少量的褐色陶，器形有锥状足罐形鼎、红顶碗、釜、支脚、小口双耳壶、钵、盆等。其文化面貌既有磁山文化的因素，也有后岗类型的一些特点，但它又和二者不同，应是介于二者之间的文化遗存。

后岗类型　分布地区很广，其中心区是豫北冀中南地区，其外围是豫中和冀西北一带。内蒙古中南部则是它的影响区。已发掘过的遗址 10 多处，其中典型遗址有安阳后岗一期、浚县大赉店一期、正定南阳庄一期、蔚县四十里坡下层、濮阳西水坡等[49]。在西水坡发现了成片的墓地，约 100 多座，有单人一次葬也有多人二次合葬，在墓地中发现的用蚌壳摆塑的三组龙虎动物图案为研究当时人们的宗教信仰及墓主人的身份地位具有十分重要的意义。这一类型的陶器其陶质陶色以细泥红陶最多，据对后岗遗址的统计，约占总数的 87％，夹砂粗红陶占 13％。制法为手制，口沿有慢轮修整痕迹。纹饰有弦纹、划纹、刺纹、附加堆纹及彩绘等。彩色有紫红、红褐及黑色三种。纹样有竖线、斜线、宽带及树杈等。器形有圜底或平底钵、红顶碗、浅腹盆、深腹盆、圆柱形足鼎、小口长颈瓶、小口鼓腹双耳壶、领下加一周凸饰的圜底罐、大口浅腹盘、器座、器盖等（图一五）。从北福地、蔚县三关等遗址的地层叠压关系来看，它是晚于北福地一期甲类遗存早于钓鱼台类型的

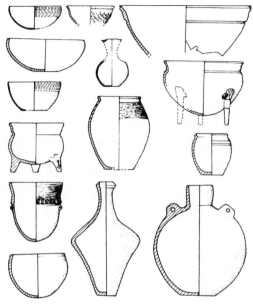

图一五　后岗类型陶器

文化遗存。

钓鱼台类型　多分布于冀中和冀西北一带，冀南罕见。调查、发掘过的遗址有蔚县三关二期、琵琶嘴、宣化二道沟等。已多次调查的曲阳钓鱼台遗址的遗存最丰富[50]。陶器的陶质分为泥质、细泥、夹砂三类，陶色以红为主。纹饰以线纹最多，绳纹、弦纹次之，彩陶较少。彩绘颜色以黑为主。纹样有弧线三角纹、圆点纹、垂三角纹、条带纹等。器形有双唇口瘦长体尖底瓶、小口双耳平底瓶、敛口圜底钵、侈沿弦纹罐、小口直颈鼓腹双耳平底壶等。文化面貌与中心区庙底沟类型有较多的相似因素，但地域性很突出。同时可以看出它的来源可能是从晋南沿汾河北上东折经"太行八陉"至此的。

大司空村类型 是分布在这个地区的仰韶文化晚期类型，向其西北影响面很广，可达内蒙古中南部。这一类型经过试掘或发掘过的遗址有 10 多处，其中的典型遗址有安阳大司空村、大正集老磨岗、鲍家堂、武安城二庄、蔚县三关三期等[51]。出土陶器的陶质陶色以泥质灰陶较多，泥质红陶次之，黑陶较少。纹饰以篮纹为主，绳纹、方格纹、线纹较少。彩陶约占陶器总数的 9%，多红、赭彩，黑彩少见。彩绘纹样有弧线三角纹、曲线纹、蝶须纹、梳齿纹、水波纹、叠人字纹、同心圆纹、平行线纹、网纹、睫毛纹、连钩纹、S 纹、山字纹等。器形，钵类有敛口鼓肩斜腹平底钵、敛口内卷沿斜腹或折腹平底钵；碗类有直口圆腹平底碗、敞口弧腹碗；盆类有折腹盆、直腹盆、浅腹盆，以折腹盆最多；罐类有高领罐、侈口深腹罐、敛口广肩罐等，以高领罐最多。

豫西南鄂西北区 是仰韶文化分布的南区，已发现遗址较少，总共不足百处。根据现有资料，我们将这一区的仰韶文化分为四个类型（或遗存），即大张庄遗存、下王岗类型、八里岗类型及赵湾类型。这个地区早期类型的房址既有半地穴式又有地面建筑，中晚期类型的房址多为分间成套的排房，已发现中、晚期类型的原始聚落 3 处，各类型的石、骨器与中心区同期类型基本相同，个别器类还比较先进。各类型的陶器各具特征。

大张庄遗存 目前仅发现淅川下王岗一期和方城大张庄两处遗址[52]。已发现一批房址，既有半地穴式又有平地起建的。墓葬大多数为单人一次葬的土坑墓，有个别的瓮棺葬。陶器的陶质陶色据对下王岗遗址的统计，泥质红陶占总数的 48%，夹砂棕色陶占 23.43%，泥质黑陶占 23%，泥质灰陶占

2.55%，其他很少。主要器形有圆锥状足罐形鼎、假圈足碗、直口或敛口钵、大口浅腹盆、鼓腹罐、细颈壶、杯、豆等。这一遗存的文化特征既有裴李岗文化的因素又有石固五期和半坡类型的特点，是这一地区较早的仰韶文化遗存。

下王岗类型　80 年代已命名，但概念不清，我们将它界定在仰韶文化早期后段，与中心区史家类型的年代相当。这个类型已发掘的遗址有淅川下王岗二期、黄楝树、邓州八里岗一和二段、枣阳雕龙碑一期等多处[53]。揭露面积较大，文化面貌比较清晰。已发现的房址与大张庄遗存相同。墓葬约 500 多座，土坑墓较多，瓮棺葬较少。土坑墓既有单人一次葬又有多人二次合葬，多数有随葬品，有实用器也有冥器，还有随葬猪下颌骨的习俗。出土陶器的陶质陶色，据对下王岗遗址的统计，泥质红陶占陶器总数的 31%，夹砂棕红陶占 29.4%，夹砂灰陶占 25%，泥质灰陶占 8%，泥质黑陶占 6%。彩陶开始出现，彩绘颜色有褐色和黑色，有的施白色陶衣。纹样有三角纹、叶纹、菱形纹、斜线纹、平行线纹、波折纹、圆点纹、花瓣纹等。器形有圆锥状足釜形鼎、圆柱状足罐形鼎、直口或敛口钵、圈足或平底碗、大口浅腹盘、鼓腹罐、小口长颈平底瓶、葫芦瓶、折沿或平沿深腹盆、尖底罐、瓮、盂、甑等，八里岗还有一种仓形器。从陶器特征来看，与史家类型关系比较密切，同时又有后岗类型及大溪文化的因素。可以说下王岗类型是在这些文化类型的影响下形成的一个仰韶文化地方类型。

八里岗类型　因八里岗遗址发掘面积较大，遗迹、遗物丰富，有一定的代表性，故名。经过发掘的遗址已有多处，以邓州八里岗三、四段、淅川下集、枣阳雕龙碑二期等较为典型[54]。这一类型的建筑技术显著提高，已发现的房址均为地面多间式建筑，在八里岗发现了以排房为主要形式的聚落平面布局。墓葬发现较少。陶器特征明显，陶质陶色以泥质红陶和棕色陶居多，夹砂灰陶占一定比例，夹砂棕色陶和泥质黑灰陶较少。彩陶颜色有白衣赭彩和红衣黑彩二种。纹样有弧线三角纹、花瓣纹、圆点纹、平行线纹等。器形有釜形和罐形鼎，鼎足有凿形和圆锥形；及曲腹碗、平底钵、浅腹和深腹盆、灶、豆、瓮等（图一六）。

　　赵湾类型　是这个区的一个仰韶晚期类型。发掘过的典型遗址有镇平赵湾、唐河寨茨岗、茅草寺、邓州八里岗五段、淅川下王岗三期、枣阳雕龙碑三期等[55]。这个类型的房屋营造技术进步，均为地面建筑。多为双间或多间式的套房、排房。人工石灰已经发明。在下王岗发现的长屋当是这一时期的聚落形态之一。生产工具先进，大型石犁和耙已经出现。陶器特征明显，陶色以灰陶为主，红和浅黄次之，黑色较少。彩绘分黑、红、白三色。纹样有三角纹、禾叶纹、涡纹、回形纹、弧线纹等。器形有鸭嘴形足罐形鼎、柱形足外撇盘形鼎、敛口平底钵、鼓腹罐、深腹盆、小口鼓腹双耳壶、敞口杯、缸、豆、器盖等。从其整个文化面貌来看，虽受秦王寨类型和西王村类

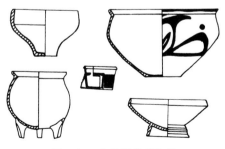

图一六　八里岗类型陶器

型的不少影响，但自身特点还是较突出的。

陕晋冀蒙长城区 是仰韶文化分布的北区，已发现遗址较少，总共约100多处，较中心区少而稀。长期以来这里多是调查资料，自80年代以来才逐步开展发掘工作，尤其内蒙古中南部大规模地发掘了一批重要遗址，积累了比较丰富的资料，使我们对这个地区仰韶文化的面貌也有了一定的认识。据现有资料，这里的仰韶文化区可分为石虎山遗存、王墓山类型和海生不浪类型。它们分属于仰韶文化的早中晚三期。各期的房屋建筑技术、生产工具和生活用具的制造技术等都与中心区具有同样的发展水平。各类型的成片墓地均未发现。

石虎山遗存 石虎山遗址分Ⅰ、Ⅱ两处，年代略有早晚，但文化面貌基本一致，且发掘面积较大，反映出的文化面貌比较全面，故名。石虎山遗存经过发掘的遗址有包头阿善一期、西园一期、凉城石虎山Ⅰ、Ⅱ、红台坡下、清水河白泥窑子早期、准格尔官地一期、鲁家坡一期、窑子梁等[56]。在石虎山Ⅰ遗址发现环壕聚落一处。墓葬仅有零星发现，规律不详。陶器特征明显。陶质分夹砂和泥质二种，陶色有褐色、红色和灰色三种，前二者较多，彩绘颜色有黑、红二色，以黑色为主。主要器形有直口圜底钵、敛口平底钵、红顶碗、钵、杯形口尖底瓶、折唇小口壶、细颈壶、折腹盆、鼓腹罐、鼎、釜、勺等（图一七）。从这些陶器的特征看，凉城一带可能受后岗类型的影响较大，黄河沿岸一带受半坡类型、史家类型的影响较多。表明石虎山遗存是在这三个类型的影响融合下而形成的地方类型。

王墓山类型 以王墓山坡下遗址为代表，是长城区仰韶中期的一个地方类型。发掘过的典型遗址有凉城王墓山坡下、狐

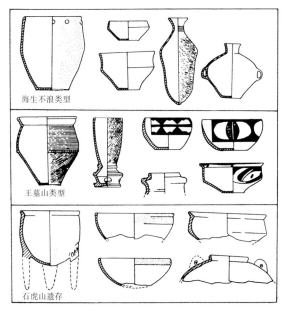

图一七　内蒙古中南部仰韶文化陶器

子山坡下、准格尔官地二期、鲁家坡二期、清水河白泥窑子中
期、后城嘴第一阶段、庄窝坪一期等[57]。出土陶器的陶质陶
色以泥质和夹砂红陶为主，夹砂褐陶次之，有少量橙黄陶。纹
饰有线纹、弦纹、附加堆纹、篮纹和彩绘等。彩绘颜色以黑彩
为主，纹样有宽带纹、弧线三角纹、圆点纹、钩叶纹等。主要
器形有双唇口尖底瓶、宽沿浅腹盆、曲腹盆、敛口平底钵、侈
沿弦纹罐、敛口瓮、碗、直口双腹镂孔火种炉等。这些陶器的
特征与中心区庙底沟类型的陶器十分相似，有较多的共性，但
也有明显的自身特点，如火种炉是地方特产，未见庙底沟类型
的釜、灶等，彩陶纹样也较简单。

海生不浪类型　是分布在长城区的仰韶文化晚期类型。经

过发掘的遗址有 10 多处。其中较典型的有托克托海生不浪、包头阿善二期、西园二期、准格尔官地三期、鲁家坡三期、白草塔二期、凉城红台坡上、察右前旗庙子沟等[58]。这个类型的房址发现较多，为浅地穴式，一般是成排向阳分布，在白草塔发现有石筑围墙 200 多米，为聚落的防护设施。在庙子沟发现的成年男女和小孩的合葬墓十分重要。出土陶器中泥质陶多为灰色，红色、橙黄色、黄褐色次之；夹砂陶亦多灰色，有少量的灰皮红胎及红褐色。彩绘颜色有黑、红、紫、褐等色。复彩和内彩较普遍。纹样有平行线纹、三角纹、网格纹、弧线纹、波折纹、横竖斜线纹、点线纹、鱼鳞纹、绞索纹等。主要器形有喇叭口尖底瓶、敛口钵、折腹钵、小口双耳罐、曲腹盆、折腹盆、折沿罐、带流罐、筒形罐、直口缸、碗等。从这些陶器所反映的文化特征来看，它与周邻同时的仰韶晚期诸类型如大司空村类型、西王村类型、石岭下类型都有一定的关系，可以说它是与这些兄弟类型融合后而形成的一个地方类型。同时与东邻的红山文化也有一定的联系。有学者将它命名为独立的考古学文化，但学术界正在讨论之中，尚未达成共识。

关于仰韶文化的年代和分期问题，前已述及 50 年代庙底沟二期文化的发现，澄清了它的下限；70 年代磁山、裴李岗、老官台文化的发现，搞清了它的上限。也就是说仰韶文化在中国新石器时代诸原始文化中的相对年代是晚于磁山、裴李岗、老官台文化而早于庙底沟二期文化的一个重要的史前文化遗存。但仰韶文化的延续时间很长，自然存在着它本身的不同发展阶段的相对年代早晚问题。这个问题于 50～60 年代讨论半坡和庙底沟两个类型孰早孰晚的时候已经拉开了序幕，70 年代以来由于考古资料进一步积累，才得到了比较深入而广泛的讨论。近三十年来很多考古项目的发掘者，在田野发掘过程中对地层的划分十分重视，同时对出土物进行类型学排比研究，对发掘的遗址进行分期或文化类型的划分，以及学术界对早年发掘的遗址进行再研究，使分期或类型的划分更符合实际。如严文明对一批典型遗址的分期研究给我们开拓了新的思路[59]。又加放射性碳素测定绝对年代方法的应用，使我们对这一问题的研究有了更多的资料依据。

在仰韶文化诸区系类型中，已发现两个或两个以上不同类型文化遗存的地层叠压或打破关系的遗址很多，现按区系介绍。关中豫西晋南区，在零口、半坡、姜寨、泄湖、北首岭、下孟村、李家沟、仰韶村、西王村、北橄、案板、福临堡、何家湾及龙岗寺等遗址都发现了两个或两个以上文化类型的地层叠压关系，归纳起来此区各类型的先后关系是，零口二期遗存——半坡类型——史家类型——庙底沟类型——西王村类型。甘青区，在大地湾、师赵及王家阴洼等遗址都发现了两个或三个类型的地层叠压关系，证明此区各类型的先后关系是，史家类型——庙底沟类型——石岭下类型。豫中区，在王湾、石固、大河村、椅圈马、点军台、中山寨、西山、青台、里沟等遗址都发现了两个或两个以上类型的地层叠压关系，证明此区各类型的先后关系是，石固五期遗存——后岗类型——庙底沟类型——秦王寨类型。豫北冀中南区，在北福地、三关等遗址发现此区各类型的先后关系是，北福地一期甲类遗存——后岗类型——钓鱼台类型——大司空村类型。豫西南鄂西北区，在下王岗、八里岗及雕龙碑等遗址都发现了三个类型的地层叠压关系，证明此区各类型的先后关系是，大张庄遗存——下王岗类型——八里岗类型——赵湾类型。陕晋冀蒙长城区，在官地、鲁家坡及后城嘴等遗址发现了两个以上类型的地层叠压打破关系，证明此区各类型的先后关系是，石虎山遗存——王墓山类型——海生不浪类型。

我们再看看应用放射性碳素对一些重要遗址进行年代测定的情况。本书所引碳十四测定的年代数据，半衰期均按 5730 年计算，均经树轮校正。均以 BC 表示公元前。仰韶文化各区系类型中，已有 15 个类型（或遗存）测定过绝对年代，其结果是：零口二期遗存测定过 1 个标本，采自古城东关Ⅳ区，其数据为 3780BC（ZK—2126），明显偏晚，可能有误，应予舍弃。半坡类型已测定过 14 个标本，这 14 个数据中，有 2 个偏早，可能有误，舍弃。剩下的 12 个数据中以半坡的 4933BC（ZK—0038）年最早，以何家湾的 4362BC（ZK—1266）最晚。可知半坡类型的绝对年代应在 4933BC～4362BC 之间，大约延续 600 年。史家类型已测过 14 个标本，这 14 个数据中，有 1 个偏早，2 个偏晚，舍弃。剩下的 11 个数据中，以半坡的 4360BC（ZK—0127）最早，以大地湾的 4036BC（WB80—30）最晚。可知史家类型的绝对年代应在 4360BC～4036BC 之间，大约延续 300 年。庙底沟类型已测过 29 个标本，这 29 个数据中，有 4 个偏早，3 个偏晚，舍弃。剩下的 22 个数据中，以泄湖的 4035BC（ZK—2177）最早，以青台的 3502BC（WB81—59）最晚。可知庙底沟类型的绝对年应在 4035BC～3502BC 之间，大约延续 500 年。西王村类型已测定过 12 个标本，这 12 个数据中，福临堡的 1 个明显偏早，舍弃。余下的 11 个数据中，以丰村的 3509BC（ZK—1238）最早，白燕的 2923BC（ZK—2216）年最晚。可知西王村类型的绝对年代应在 3509 BC～2923BC 之间，大约延续 600 年。石岭下类型已测定过 12 个标本，其中灰地儿的 1 个、大地湾的 3 个明显偏早，舍弃。其余 8 个数据中，以大地湾的 3690BC（BK7902）最早，以 3023BC（BK81049）最晚。可知石岭下类型的绝对年代应在 3690BC～3023BC 年之间，大约延续 600 年。后岗类型已测定过 5 个标本，西水坡的 2 个最早和最晚，可知后岗类型的绝对年代应在 4665BC～4231BC 之间。延续 400 多年。钓鱼台类型已测定过 4 个标本，即三关和琵琶嘴各 2 个。其中三关的 1 个明显偏早，舍弃。从其余 3 个数据可知钓鱼台类型的绝对年代应在 3996BC～3359BC 之间。大司空村类型只测过午方的 1 个标本，其数据为 3040BC（ZK—1234）年。秦王寨类型已测定过 26 标本，这 26 个数据中，大河村的 2 个偏早，1 个偏晚，均应舍弃。其余 23 个标本数据中，以青台 3511BC（WB82—13）最早，以大河村的 3028BC（WB81—26）最晚。可知秦王寨类型的绝对年代应在 3511BC～3028BC 之间，延续时间约 500 年。下王岗类型只测过 2 个标本，均采自下王岗 T16，即 5210BC（GC—0086）及 4780BC（GC—0083），前者有误偏早，舍弃，后者与文化性质大体吻合。八里岗类型已测定过 6 个标本，均采自雕龙碑二期，其绝对年代应在 4034BC～3585BC 年之间。赵湾类型已测过 6 个标本，均采自雕龙碑三期，可知其绝对年代应在 3510BC～3019BC 年之间。石虎山遗存已测过 2 个标本，均采自白泥窑子，其中 1 个偏晚，舍弃，1 个即 4239BC（BK82087），与文化性质基本接近，可能是这一遗存较晚的年代。海生不浪类型只测过 3 个标本，均采自阿善二期，其中 1 个偏早，舍弃，其余 2 个即 3511BC（ZK—1184）和 3093BC（ZK—1183）年，应是这个类型最早和最晚的年代，延续约 500 年。石固五期遗存、北福地一期甲类遗存、大张庄遗存、王墓山类型尚无碳素标本测定的年代数据。另外，瓦窑沟的 5 个数据，马庄的 3 个数据，大河村 T30 的 5 个数据、T41 的 2 个数据，西山的 15 个数据等，均因采集标本单位的发掘资料尚未发表，无法进行核对，暂置不用。还有些发掘资料虽已发表但文化性质难以确定。如双庙等难以划归某个类型，其测数据也暂搁置[60]。

从上述可供研究的 15 个类型（或遗存）的碳十四年代数据来看，可以反映出以下两个问题：第一，从这些类型的年代数据和延续时间来看，可知整个仰韶文化的绝对年代当为 4933BC～2923BC 年左右，其延续时间约 2000 年。如果加上零口二期一类遗存的年代，则仰韶文化的上限年代当为 5000BC。第二，从这些数据可以看出它们的先后序列是半坡类型——史家类型、后岗类型、下王岗类型、石虎山遗存——庙底沟类型、钓鱼台类型、八里岗类型——西王村类型、石岭下类型、秦王寨类型、大司空村类型、海生不浪类型及赵湾类型。由此，可以看出用放射性碳素测定的绝对年代结果与地层叠压打破关系所反映的相对年代结果基本一致。有些类型（或遗存）尚无测年数据或者只有很少的数据，不足以反映其年代的准确性的现象，相信今后将随着测定数据的增多而得到解决。目前我们可依据这些类型（或遗存）的地层关系和文化特征将它们分别放在各区系的适当位置。

依据我们对仰韶文化地层学及年代学的考察情况，使我们可以得出一个仰韶文化分期的结果，并联系前述区系类型的情况，我们将其分成早、中、晚三期五段六区 19 个类型（或遗存），如下表所示：

仰韶文化区系类型与年代分期表

期	段	关中豫西晋南区	甘青区	豫中区	豫北冀中南区	豫西南鄂西北区	陕晋冀蒙长城区
早期	一段 5000BC~ 4900BC	零口二期遗存		石固五期遗存	北福地一期甲类遗存	大张庄遗存	
	二段 4900BC~ 4300BC	半坡类型		后岗类型		下王岗类型	石虎山遗存
	三段 4300BC~ 4000BC	史家类型					
中期	四段 4000BC~ 3500BC	庙底沟类型			钓鱼台类型	八里岗类型	王墓山类型
晚期	五段 3500BC~ 2900BC	西王村类型	石岭下类型	秦王寨类型	大司空村类型	赵湾类型	海生不浪类型

3. 仰韶文化的社会经济状况

仰韶文化是分布在我国黄河中游黄土高原广大地域内的新石器时代晚期的原始文化，这样的时空界限决定了它的社会经济形态。当时的社会经济状况是以农业生产为主，畜牧业、渔猎业、采集为辅的综合性经济结构，同时人们所必须的房屋建筑、工具制造、制陶、纺织、缝纫、皮毛加工等也是重要的生产活动。

旱作农业是当时生产活动的主要部分，也是人们赖以生存繁衍的经济基础。这时的农业是在新石器时代早中期的基础上继续发展的，已经达到了比较发达的锄耕农业阶段，到它的中后期已经达到了相当发达的程度。仰韶早期，从出土的农业生产工具来看，有开垦耕地用的石斧、砍砸器，翻地松土用的石铲、骨铲，中耕锄草用的角锄、木锄，收割用的石、陶质的刮削器，以及粮食加工用的磨盘、磨棒等（图一八）。当时种植的粮食作物主要是粟和黍，即现在华北盛产的谷子（小米）和黍子或糜子（黄米或粘米），其优点是耐旱，成熟期短，耕作技术简单，产量较高等，最适宜于黄土地带的生长。已发现的标本有半坡早期的 F2、F37、M152 陶器中的储藏，在 H115 中有数斗之多，在北首岭中期、元君庙、姜寨一、二期及龙岗寺等遗址都有发现，龙岗寺还发现有豆科作物。到了仰韶中晚期，农业生产工具中开垦耕地、翻地松土用的石犁、石耜已经出现，磨制精致、刃部锋利的石斧、石铲的数量增多，中耕管理的石锄开始出现，收割用的钻孔石刀、两端带缺口的陶刀大量出现，石臼、石杵等也是新型工具。这时的粮食作物，仍以

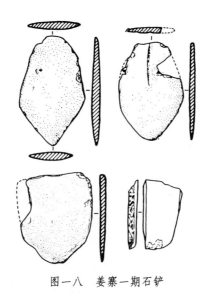

图一八　姜寨一期石铲

粟、黍为主，但在豫中区、中心区及豫西南鄂西北区粟、稻兼作的情况已开始出现。在泉护村、大河村、西高崖、下王岗、下集等遗址都发现了稻的标本。仰韶晚期已开始种植蔬菜，在半坡 F38 一小罐内盛有芥菜或白菜的种子，在大河村 F2 内发现有莲籽，表明这时以种植蔬菜为内容的园艺业已经出现[61]。

家畜饲养业在当时也是一门重要的产业，在人们的经济生活中占一定的地位。在很多遗址中都出土了猪、羊、牛、鸡和狗的骨骼、个别遗址还有马的骨骼。在半坡、姜寨还发现有圈栏遗址。在姜寨还发现两处牲畜夜宿场，一处可同时集中数百只畜类，其放牧规模可以想见。所发现的猪骨最多，其他较少，但经鉴定除马以外均为家畜，猪、羊、牛、鸡是供人们肉食的主要对象，狗是人们日常生活生产的助手。另外在姜寨出土有大量的梅花鹿骨骼，多为 2 至 3 岁个体，表明当时梅花鹿可能已被人们畜养或控制。

渔猎和采集在当时经济生活中仅起一定的辅助作用，但也是不可缺少的生产活动。狩猎是仅次于农业的生产活动，是比较可靠的生活资料来源之一，一年四季均可进行。当时的狩猎工具主要是石、骨、角制成的箭头、矛头及石球等。狩猎对象，从出土兽骨来看，有鹿、獐、麝、竹鼠、獾、狐、狸、兔等较小的兽类。那些较大的猛兽如虎、熊、野猪、野牛、豹等，可能是偶然所获。在下王岗还发现了大熊猫、苏门犀和亚洲象的骨骼。渔捞业在当时也很受重视，出土的渔具有骨制的鱼钩、鱼叉、鱼镖、石、陶质的网坠等，鱼和渔网的图案在彩陶上多有反映。采集在经济生活中也很重要，不仅采集野果、野菜以供食用，而且还可能采集野麻一类的植物，以供纺织缝纫衣物之用。

　　建造房屋、制造工具、烧制陶器、纺织缝纫、皮毛加工等手工业生产在当时的经济生活中也是很重要的生产活动。营建住所、建设家园、修筑防护设施等是当时人们定居的必备条件。各项建筑活动可能是在聚落内最高首领的统一规划并组织领导下集体协作进行的。各遗址出土的石器如斧、凿、锛、楔、盘状器、砍砸器等木工工具，是建房时加工木柱、椽、梁、檩及门、窗的必用工具。在点军台发现的柱洞多是三角形、方形和长方形，表明原来的木柱是经过加工断面呈这些形状的[62]。工具制造可能是由氏族或家族成员中擅长者担任。当时的石、骨、角、蚌器等，绝大多数为磨制，打制的器类虽少但数量也很可观。早期遗址中出土的盘状器、砍砸器、石楔、陶刮削器等均为打制，其余均为磨制。早期的磨制石器加工比较粗糙，器形不甚规整，多数仅在刃部加工。有的还有打琢痕迹，有的还留有石料皮层。中晚期的磨制石器加工比较考究，通体磨光的大量出现，形体规整，有角有棱，切锯开料技术及钻孔技术普遍使用，很多刃具形体薄平刃部锋利。骨器除骨锥仅磨尖端外，其余镞、针、笄等均为通体磨光，针的穿孔及外形和今日钢针酷似，只是质料不同罢了。制陶业在当时相当发达，因为陶器易于破碎，更新率强，需用量大，所以很多遗址都有陶窑发现。窑的结构一般都由火口、火道、火膛、窑室、窑箅、火眼等构成，窑体不大，容量较少，小件陶器每次可烧 10 余件。制陶技术仍停留在手制阶段，一般采用泥条盘筑法、贴塑法和捏塑法。早期用慢轮修整口沿，晚期有扩大到器腹的。烧制陶器需经复杂的工序，如开采陶土、淘洗、和泥、加掺和料、制坯、拍打纹饰、彩绘、晾坯、修整口沿和底，最后才能入窑加热，控制火候，达到一定温度、时间，方可烧成。

另外，在姜寨还发现制陶作坊一处，内有经过淘洗和好的陶泥和成摞的钵形陶坯放置。在不少遗址发现有陶垫、陶拍、骨抿、彩绘用的颜料、石砚、磨棒、调色盘盏等。编织在当时也很普遍，人们用的篮筐和席子需要量也不小，在陶器底部或墓内常见席的印痕。席的编制方法很多，有经纬编织法、辫结法、缠结法等，纹样有十字纹、斜行纹、格子纹、棋盘纹等。所用原料可能是芦苇和竹子之类。纺织、皮毛加工、缝纫衣服也很重要。当时原料完全取自野生，狩猎所提供的皮张用陶锉加工用骨锥缝制成冬衣以避严寒，用野麻经水沤、剥取、漂洗、晒干、梳理后，用纺轮捻线、织机织布，再用骨针缝成各式各样的衣服，以供春夏秋天温暖季节之用。半坡、姜寨出土陶器底部的布纹，每平方厘米内有经纬线各10根，和今天的粗麻布相似。这样的布料再染成红、黄、蓝、紫等不同的花色，穿起来也是满美观的，当时绘画艺术的成就一定会反映在衣着方面。从出土的大量装饰品如绿松石耳坠、骨珠、陶环、骨笄、石璜或玉璜、蚌饰、牙饰等等来看，当时人们的审美观是很强的。

4. 仰韶文化的房屋建筑与聚落形态

在人类历史发展的长河中，住宅是人类赖以生存的必备的重要物质条件之一。中国远古先民的居住情况从考古发掘资料来看是有一定规律的，即穴居、半穴居与地面建筑等以及由若干房屋和其他设施组成的聚落。我国旧石器时代的人们多以山洞栖身，新石器时代初期有否房屋和聚落，截至目前尚不清楚。到了新石器时代中期的磁山、裴李岗、老官台等史前文化已发现了一批小型聚落遗址，房屋建筑多为半地穴式，平面多呈圆形，数量少，面积小，聚落规模较小，但背风、向阳、靠近水源，便于农耕和渔猎等的定居条件均已具备。到了新石器时代晚期分布在全国各地的先民，尤其仰韶文化的人们无论是房屋建筑还是聚落建设都得到很大的发展。

仰韶文化早期　房屋建筑技术较前提高，典型的原始聚落已经形成，在中心区及其他各区都有发现。早期房址已发现 500 多座，其中以半坡、北首岭、姜寨、李家沟、瓦窑沟、何家湾、大地湾等遗址数量较多[63]，其他遗址多为零星发现。同时还发现了一些典型聚落，如姜寨、半坡、北首岭、瓦窑沟、吴家营、大地湾甲址及石虎山I等。这些房址的平面可分为圆形和方形两种，多数为半地穴式，少数为地面建筑。房内面积，圆形房址有中、小型之分，中型面积 30 平方米左右，小型面积仅 10 平方米左右；方形房址可分为大、中、小三种。大型房址的面积一般都在 80 平方米以上，有的达 100 多平方米，中型房址都在 40 平方米以上，小型的 10 平方米以上。各类房屋均为单间，建筑材料一般用原木、木板和草拌泥或黏土掺料礓石粉和成的泥浆，房内多有火塘设置，有的有固定的住处（平台或土床），有少数因火毁弃的房内都有生产工具和生活用具陈放。

小型圆屋的面积仅 10 平方米左右，如姜寨的 F127，为圆形半地穴式，直径 3.06 米。以坑壁为墙，壁高 0.48 米。门向北偏西，门道为斜坡状，门槛南有一凹坑，与灶坑相连，灶为浅圆穴式，有灶圈、灶面。墙壁面和居住面均用草拌泥涂抹，光滑平整，经火烧烤，呈青灰色硬面。居住面上放置有陶器 3 件，磨棒 1 件，还有较多的面积可供住人之用，居住面中部偏西处有一圆形柱洞，此房经复原为一带门棚的尖锥顶圆形房屋（图一九）。小型方屋如姜寨 F46，南北长 3.1、东西宽 3.16、深 0.25 米。门向南，门道呈斜坡状，门道中段有用草泥筑成的小隔墙。火塘在门道之北近房内中央，为圆形浅穴平底。房

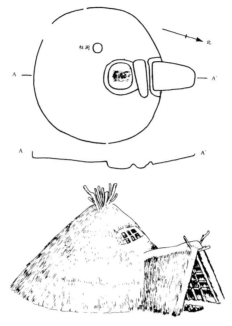

图一九 姜寨 F127 平、剖面图及复原图

内中部有东西对称的两个柱洞。半地穴的坑壁即为墙壁，居住面和墙壁面均用黏土料礓石粉加草筋和成的泥浆涂抹。居住面上放置有瓶、钵、盆、罐、瓮共 16 件器物，集中在房内的西南、东南及东北隅，西北角的空地应是住人的地方。此房可复原为带门棚的方形四角攒尖式房屋（图二〇）。中、大型房屋的建筑形式、建筑技术等都与小型房屋相同，只是面积规模、建材、火塘等都比小型房屋大一些，大型房内均为大型连通灶，灶坑两侧都有高出居住面的土床设置。

这一时期的典型聚落已经形成，都选择在河流两岸的二级台地上，或者是比平地较高的土岗上，水源、农耕都较便利的

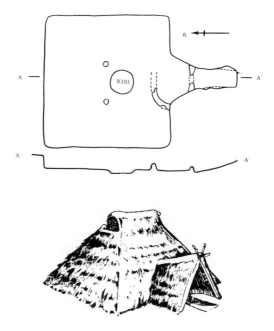

图二〇　姜寨 F46 平、剖面图及复原图

地方。典型聚落都比一般聚落的面积要大一些，约 2 至 5 万平方米不等，都是经过精心设计统一规划而建成的。每个聚落都由一群房屋建筑组成，此外还有储藏东西的窖穴、制作陶器的窑场及作坊、防御设施的环壕及墓地等。聚落的平面布局都是凝聚式的，同时也是向心式的，人们的血缘纽带相当紧密。他们在聚落中居住、生活，从事各项经济生产活动，以聚落为单位进行防卫，死后也要按聚落的统一规划进行安葬，反映了当时聚族而居、聚族而葬的习俗。如姜寨遗址是仰韶文化遗址中发掘面积最大保存最好的一处聚落遗址，其面积约 3 万平方米，平面呈椭圆形，周围有壕沟和小河环绕，沟内为居住区，沟外

为公共墓地，河边有烧制陶器的窑场。居住区中心有一近4000平方米的广场。在广场的周围分布着以大型房屋为主体的五个建筑群。每个建筑群都有大型房屋一座，每座大房屋附近分布着10余或20余座中小型房屋。全部房屋的门均朝向中心广场。同时存在的房屋约100座左右。研究者认为这里的小型房屋可能是当时居民中对偶家庭的住宅，中型房屋可能是若干对偶家庭所组成的家族的老年人及未成年人的住所。大型房屋是由几个家族所组成的氏族的标志，是氏族公共活动的场所，如集会、庆典及祭仪等，同时又是氏族长、老年人及小孩的住处。围沟外有五片公共墓地，两片已遭破坏，尚存的三片已发掘清理，保存完好。这五个建筑群及五片墓地的分布情况表明这个聚落可能是由五个氏族组成的一个胞族的聚居地。另外，在半坡、北首岭、大地湾、瓦窑沟、石虎山Ⅰ、吴家营等遗址都发现过早期的环壕聚落。其平面布局大都和姜寨大同小异。

仰韶文化中期　房屋建筑较前已有明显的变化，圆形房屋骤减，几近绝迹，方形房屋仍有大、中、小之分。但地穴较前浅，地面建筑的数量增加，绝大多数仍为单间，但在李家沟、椅圈马、点军台、八里岗等遗址都出现了套间房子的建筑。这一时期的遗址数量多、分布广、面积大而且稠密，在中心区尤其明显，中心聚落可能已经出现。但从考古资料的积累情况来看很不理想，房屋建筑遗存多为零星发现。聚落形态无从考察。这一时期已发现的各类房址近200座，现举例介绍如下：

小型房屋的面积一般为20平方米左右，有的10多平方米。如椅圈马F2，平地起建，略呈方形，南北长4.1米，东西宽3.40～3.90米。四壁厚0.20～0.30米，内有柱洞18个。门向西开。室内偏北处有一隔墙将房子分为南北两间，南间较大，北间较小，火塘设在南间。内外居住面均经火烤坚硬光滑。这座房址复原起来可能是木骨泥墙支撑房顶的两面坡式房子。中型房屋的面积，一般在 30 平方米以上。如点军台 F1，平地起建，长方形，面积 45 平方米。房内中部偏东处有一隔墙，将房内隔成前后两室。整个房子的门向朝西，门内即前室中部有灶台，由灶台往东于隔墙中部偏北处有通向后室的门道。四壁和隔墙有柱洞 92 个，柱与柱之间有横竖芦苇交结痕迹，在木柱和芦苇束上堆筑草泥而成墙体。木柱多经加工成不同的形状。墙壁面细泥涂抹，居住面处理平整。均经火烧呈红或灰红色，异常坚硬（图二一）。这座房址可复原为两面坡式

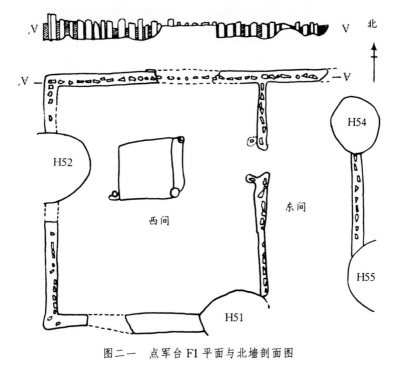

图二一　点军台 F1 平面与北墙剖面图

房屋。已发现的大型房屋无完整者，从几处残存来看均为半地
穴式，房体结构、营造技术均与早期接近，但面积更大，如洪
洞耿壁 F1 和灵宝西坡暴露的房址，从长度推算，面积都在
150 平方米以上；泉护村 F201 和南殿村 F1 的面积都在 200 平
方米以上。

这一时期的聚落形态，因至今尚未大规模地发掘过一处典
型遗址，而不得其详。聚落的平面布局，居住区、制陶区、墓
地等在整个聚落内的位置以及有否环壕设施都不了解。但从大
中小房屋依然存在，仍以单间为主、双间开始出现来看，当时
可能和早期的聚落形态相仿或略有变化，聚落内的居民仍存在
着三级组织结构，即对偶婚（少数一夫一妻制）家庭组成家
族，几个家族组成氏族，再由几个氏族组成胞族。从文物普
查、考古调查资料来看，这一时期的聚落群和中心聚落可能已
经出现。如登封、汝州及伊川一带，陕县、灵宝一带，渭南、
华县及华阴一带，西安、长安及蓝田一带，耀县、铜川一带，
扶风、岐山及凤翔一带，黄陵、洛川及富县一带，天水、秦
安、甘谷一带以及晋西南一带。这些地区都有几十处或一百多
处同时的遗址存在，各自形成一个聚落群体，每一个群体中都
有大中小不同规模的聚落分布，大的面积达 30、40 万平方米，
有的甚至达 80、90 万平方米，中等有的 10 至 20 万平方米，
小型聚落仅有几万平方米，甚至几千平方米。虽然说遗址面积
不等于聚落面积，但研究时作为参考是可以的。这些聚落群从
其文化特征来看，都有庙底沟类型的共同特点，也有各自的地
域特点，有的还相当突出。如嵩山左近的登封、汝州及伊川地
区，使用带盖的直壁缸为葬具埋葬成人的葬俗极为特别。至于
大中小聚落之间是什么关系，这还要待今后的考古工作来

回答。

仰韶文化晚期　房屋建筑形式、营造技术与早中期相比变化很大，半地穴式的房屋大大减少，除在较寒冷地区仍有保留外，在东区和南区基本绝迹，平地起建房屋流行，分间式或分套式排房已经普及，大中小型不同档次的房屋及其功能更加明显，聚落群和中心聚落更加突出，我国最早的城已经出现。已发现的各类房址计有 500 多座。

小型房屋，形式多种多样，有半地穴式、平地起建式、木骨泥墙柱网式的单间房屋和平地起建式套间房屋等。单间房屋在纬度偏高地区较流行，如庙子沟、王墓山等遗址多为浅地穴式单间，但使用功能已经变化，房内多有生产工具和生活用具陈放，并有储藏用的地窖设置，似属一夫一妻制小家庭的住宅。中心区和其他地区平地起建流行，如半坡 F24，为平地起建的单间房屋，平面近方形，东西 4.28、南北 3.95 米，门向南开。这座房子因系建在早期堆积杂土之上，为加固房基，在地面先铺一层木板，再在木板上涂抹数层草泥，使居住面平坦，也利防火。四壁有大柱支撑屋顶，大柱间用板柱做围护墙，加上室内大柱，形成柱网结构，柱与柱之间用藤条缠缚，再抹以草泥。复原起来应是两面坡式房屋。中型排房，有三间一排的，也有四间一排的。如大河村 F1～4，最为典型，是一所平地起建的多间式房屋。保存很好，残存墙壁 1 米多高，墙壁的做法是先立木柱，在柱间绑缚横木棍或芦苇束，为墙体骨胎，然后在两侧涂抹草泥，再在表面抹一层细砂泥，厚约 30 厘米。这 4 间房屋面积不等，使用有别。F1 最大，20.8 平方米，内有一小套间，面积 6.6 平方米，有灶台一个。外间呈曲尺形，有灶台一个，门向北开。F2 门向南开，14.2 平方米，有灶台一个，东北角和西北角各有土台1个。F3门向北开，7.8平方米，也有灶台一个。这三间房都有灶台，都是住人的。F4面积最小，仅2.2平方米，无灶台，可能是储藏室。这座房屋因火废弃，室内什物全部留下，F1有炊煮器、饮食器、石器、骨器及装饰器等52件，全部放在外间。F2有盛储器及石器、骨器等9件。从器物分布情况来看，这座房屋各间的人都集中在F1大房间内烧饭共餐，他们应是一个包括不同辈分和若干对夫妻的较大的家族。大型房屋可分三种：一是单间式分主室和檐廊或前廊的大型建筑，如大地湾F405、案板F3及南佐疙瘩渠F1等，建筑面积都在150平方米以上。均有主室，另外有的设檐廊，有的设前廊。二是分间式大型建筑，如大地湾F901，分主室、后室及东西侧室。三是分间套式大型建筑，并组成排房，主要集中在豫西南鄂西北区，如下王岗三期、八里岗及雕龙碑晚期等。这三种大型房屋的用途各不相同，每座都要作具体分析。现以雕龙碑F15为例作以介绍。这是一座平地起建的由7个房间组成的大型房屋。面积101.2平方米。这7个房间中，Ⅰ、Ⅱ和Ⅲ、Ⅳ为套间，Ⅴ、Ⅵ及Ⅶ为单间。墙分两种，即主墙和隔墙，主墙为"田"字形，隔墙为分间用的。均为木骨泥墙，主墙用红烧土块砌筑，较厚，隔墙用草泥堆筑，较薄。居住面是房屋建成后用近似水泥之类的混凝土材料涂抹，打磨，坚硬光滑与现代水磨石地面酷似。每间房子内都有灶围，Ⅶ号房内的灶旁有火种罐。整座房屋有8个门，除套间门外均向外开，门多为推拉式，相当讲究（图二二）。这座房屋的功能，可能是由5个家庭组成的一个家族的住所。7个房间内都有大量生产工具和生活用具遗留，总数达93件之多，其中以Ⅰ、Ⅱ号组成的套间内最多，面积也大，

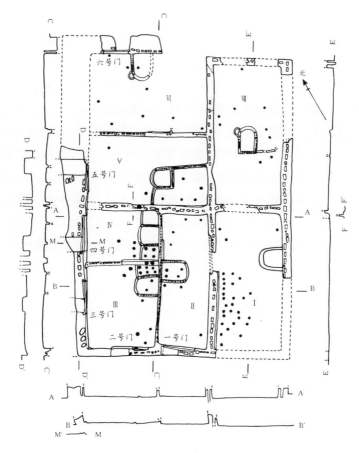

图二二　雕龙碑 F15 平、剖面图

可能是家族中的长者或族长的住处[64]。

这一时期的聚落形态，与早中期相比，有了显著变化，大型中心聚落、中型中心聚落及小型一般聚落呈现出明显的差别，这不仅是面积大小的不同，而且在聚落形态、建筑规格等方面都有差异，如有的是高筑城墙深挖城壕的形态，有的是居高临下地势险要高山聚落形态，有的是小型的一般聚落。若从区域来看，除个别区域因开展工作较少尚无典型聚落揭示外，各区都有重要发现，如中心区的案板遗址，东区的大河村、西山遗址，西区的大地湾遗址、南佐疙瘩渠遗址，南区的八里岗、雕龙碑及下王岗等遗址，北区的庙子沟遗址等[65]，都有重要聚落遗存的揭示，使我们对仰韶晚期各地不同级别或规格的聚落形态的研究有了可靠的科学依据。从发掘资料来看，案板聚落可能是仰韶晚期中心区的大型中心聚落，整个聚落占地80万平方米，聚落中心地势最高处有一座面积达165.2平方米的由主室和前廊构成的结构复杂的大型建筑，居高临下，坐北朝南，占据高居于众多房屋之上的重要位置，显然不是一般民居，它可能是中心区部落首长的住所，也是部落内议事、庆典及重大活动的场所，同时又是中心区部落政治、经济、文化的中心。可惜整个遗址发掘面积较小，聚落全貌不甚清晰。八里岗、雕龙碑、下王岗发掘资料所反映的大型中心聚落、中型中心聚落及小型一般聚落三级形态的差别十分明显。八里岗聚落有三排建筑，雕龙碑有二排建筑，下王岗聚落仅一排建筑，规格的差异反映了它们各自的用途也不尽相同。八里岗可能是当时南区部落首长的住地，是南区政治、经济、文化的中心；雕龙碑是由两个氏族组成的胞族聚落；下王岗是一个氏族居住的聚落。豫中区的大河村遗址发掘资料所揭示的情况表明，这里可能是由若干氏族所组成的胞族聚落。西山城址的级别要高一些，这里是一个城堡式的聚落形态，有城墙、城壕、城门。城内有不同面积、不同形式、不同规格的各类房址200多座，尤其西门内的大型夯土高台建筑，至为重要。另外还有仓储区，已发现分布集中的窖穴2000多个，城内外有两片墓地等。

各类房子和墓葬都显示了当时居民的等级差别，西门内的高台建筑肯定不是一般居民的住房，而可能是整个仰韶文化晚期部落联盟首长的住所。西山城可能是当时整个仰韶文化部落联盟的驻地——即首都性的城，是整个仰韶文化分布区的政治、经济、文化中心。

5．仰韶文化的埋葬制度

埋葬制度是人类社会发展到一定阶段的产物，在我国旧石器时代晚期已经形成了最初的埋葬制度，以北京山顶洞人的墓葬最为典型。中石器时代和新石器时代初期的埋葬情况，尚不清楚。新石器时代中期的埋葬制度，已经有了初步发展，如磁山、裴李岗和老官台文化等，都有了一定的制度和习俗。到了新石器时代晚期的诸原始文化尤其仰韶文化已经有了较大的发展，墓类、墓形、葬式、墓地及随葬品等都形成了一定的制度，而且随着时间的推移，埋葬制度也在不断的发展变化。墓葬作为一种社会意识的表现形式，必然会受到社会存在的制约，因此，对仰韶文化埋葬制度的研究，有助于我们进一步了解当时居民的体质特征、种属、婚姻、家庭、社会组织结构及社会发展阶段等各方面的情况。仰韶文化的墓葬资料在1949年以前的30年里发现很少，科学性较差，基本上没有什么研究价值。新中国建立以后的50余年来已积累了大批珍贵资料，据初步统计，发现仰韶文化土坑葬、瓮棺葬及灰坑葬等4700多座，为我们的研究打下了坚实基础[66]。仰韶文化延续时间长，在不同的时期有一定的差异，所以反映的情况也明显不同。

仰韶文化早期，包括第一至三段，其中第一、二段为前段，第三段为后段[67]。现分别叙述。

前段的文化遗存包括零口二期遗存、石固五期遗存、北福地一期甲类遗存、大张庄遗存及半坡类型等。这一阶段共发现各类墓葬1500多座，其中不同葬式的土坑葬1100多座，瓮棺葬400座左右，灰坑葬3座。

土坑葬是这一阶段最流行的墓类，绝大多数葬成人、个别的葬小孩。单人一次葬的墓坑形状多为方长形的浅竖穴，长约2米左右，宽约0.5至0.7米不等，小孩墓尺寸则较小一些。合葬墓的墓坑大小则视死者人数多少而定，二人合葬的墓坑比单人葬的墓坑大一些，一般长约2、宽约1.2米左右，多人合葬的墓坑则更大一些。二次葬的墓坑有长方形和方形，人数少的墓坑较小，人数多的墓坑较大。横阵墓地的墓坑特殊，其结构是大坑套小坑的集体埋葬坑，即在一个长方形大坑中套有一排小坑，死者分别埋葬在各小坑中。土坑葬一般均无葬具，但个别墓比较特殊，如半坡的M152，为一小女孩墓，有木板痕迹，棺外有二层台。北首岭一些死者身上有板灰和席子的印痕，龙岗寺有的墓葬也有用木板作葬具的，元君庙的M458在二层台上堆砌砾石数层为石棺。葬式以一次葬最多，约有1000余座，占全部土坑葬的百分之九十以上，而且以单人葬为主。如半坡早期、姜寨一期、北首岭二期前段、龙岗寺和何家湾半坡类型早中期、福临堡、古城东关Ⅳ区、下王岗一期等墓地都是单人一次葬占绝大多数。但也有个别的多人一次葬，如半坡的M38为四个女性合葬，M39为两个成年男性合葬等（图二三）[68]。单人一次土坑葬的死者绝大多数为成人，但也有个别的小孩用成人葬法埋葬。死者的埋葬姿势绝大多数为仰身直肢，但有个别的俯身葬、屈肢葬或侧身葬等。土坑葬中的二次葬，这一阶段较少，共发现100座左右，约占全部土坑葬

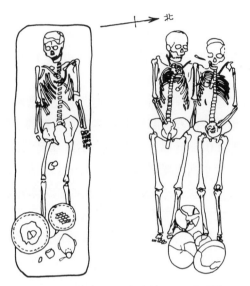

图二三　姜寨 M23 和半坡 M39 平面图

的百分之十左右。二次葬主要集中在元君庙和横阵两处墓地，
其他较少[88]。二次葬中单人二次葬较少，多人二次葬较多。
合葬墓中的死者人数不等，元君庙合葬墓少者 2、3 具，多者
达 25 具，一般都在 4 人以上；横阵合葬墓少者 3、5 具，多者
12 具，一般在 6 具以上。合葬墓的性别年龄比较复杂，往往
是男女、老中青少混杂埋葬，但也有个别性别、年龄相一致
者。二次葬的姿势可分三种：一种是单人二次葬和单人一次葬
一样将骨架摆成仰身直肢的姿势；第二种是多人二次合葬将头
骨摆成一排或几排，肢骨及其他骨骼放在头骨下方；第三种是
杂乱堆积，是个别现象。土坑葬的头向是这一时期的突出特
点，绝大多数墓葬头向西或西北、西南，其他方向的是个别现
象。随葬情况，从总的来看不太丰富，有的墓有，有的没有，

即是有随葬品的墓，随葬品数量一般都差不多，悬殊并不明显。但也有个别特殊者，如半坡墓地的墓葬随葬品，少者 1件，多者 10 来件，5、6 件的常见，惟 M152 最多达 79 件；元君庙的土坑葬均有随葬品，少的 1 件，多的达 20 件，一般在 3、4 件以上；姜寨有随葬品的墓葬平均 4 件。各个墓地的情况不一。全部随葬品的质料和品类，有陶、石（玉）、骨、角、蚌、牙等质料的生活用具、装饰品和生产工具。前二者较多，后者较少。生活用具主要是实用陶器，一般都有一定的组合，多数墓地的墓葬多是瓶或壶，罐或鼎，钵或碗的组合，即水器、盛储器或炊器和饮食器三类，件数或多或少不等。龙岗寺墓地还有随葬狗或龟的现象。有的墓地因性别年龄的不同随葬品也有差别，如北首岭男性墓多随葬骨镞等狩猎工具；在元君庙墓地，蚌刀、纺轮、骨针等多为女性墓的随葬品，装饰品也多出自女性墓或小孩墓中。这些现象在一定程度上反映了人们社会分工的状况。

瓮棺葬是这一阶段的主要墓类之一，是埋葬婴幼儿最流行的葬俗。共发现 400 座左右。大多数分布在居住区的房屋附近，少数埋在成人墓地内。墓坑形状有圆形和长方形竖穴两种，都不太大，仅能容下葬具而已。多数竖放，少数斜置，个别的横陈。葬具以瓮钵相扣的最多，以罐钵相扣的次之，以瓮盆相扣的又次之。其他较少（图二四.1）。作瓮棺葬盖的钵或盆的底部往往钻有小孔一个，可能与当时人们的某种信仰有关，可能是供灵魂出入的地方。全部葬具均实用品，并非特制。葬具中的钵、盆不乏精品，人面鱼纹盆，鱼、蛙纹盆，鹿纹盆，有刻划符号的黑彩带钵等大都出自葬具。绝大多数瓮棺葬无随葬品，仅个别的有一二件小件器物。

灰坑葬，或称乱葬坑。是利用废弃的窖穴埋葬死者的。这一时期共发现 3 处，即横阵 1 处，姜寨 2 处。横阵的分两层，上层 6 具人骨，下层 2 具人骨，头向东西南北都有，有的骨架凌乱，有的作挣扎状，有的身上压有石块，为成年一次葬，无随葬品。姜寨的是一成年女性和两个小孩，被埋在相邻的两个灰坑中，均为一次葬。横阵的 8 个死者可能是战俘，姜寨的死者可能是违犯了行为规则或禁忌，处死后被埋在灰坑中的。

墓地是墓葬集中分布的地方，是人们对聚落统一规划有意识埋葬死者的固定场所。这一时期每一个较大的聚落遗址都有公共墓地存在，有的规模相当可观，有的保存得相当完整。如半坡、北首岭、元君庙、横阵、姜寨、何家湾、龙岗寺及下王岗等墓地、都有几十座或几百座墓葬发现，对我们研究它的自身特点规律以及当时的社会状况具有特别重要的意义。各墓地的墓葬，我们从其平面分布、头向等情况来看，有的南北成行，有的东西成排，有的比较集中。反映出它们存在着一定的亲疏关系，生时是一个血缘关系的集体，死后也要安葬在一起。经过分区和分群的研究分析：半坡墓地可分为北部、东部和东南部三个墓区，后二区因发掘面积小、发现墓葬少，难以深入研究，北区可分为 6 个墓群。居住区的瓮棺葬，有的三五成群，有的十多个为一群，共有 10 群。北首岭墓地可分为东部和东南部两个墓区，7 个墓群。姜寨一期墓地共分五个墓区，已发掘的仅有东部、东北部和东南部三个墓区，可分为 13 个墓群。龙岗寺属早期前段的第六层 74 座墓，可分为四群，第五层 94 座墓，可分为三群，两层合计 7 群。何家湾墓地属早期前段的可分为二区 6 群。下王岗一期墓葬可分为三区 9 群。从这 6 处墓地的分区分群的情况看，各墓地均由若干墓群组成二个或三个墓区，群代表一级社会组织，区又是比群高的一级社会组织，区以上整个聚落是由几个区组成的更高的一级社会组织，共三级组织。横阵和元君庙二处墓地，均以多人二次合葬为主，每个合葬坑所代表的社会组织，学术界公认是一个家族的墓葬，横阵墓地应是若干个家族墓所组成的一个氏族墓地。元君庙墓地，研究者将所有合葬墓分为二区，这里每一个合葬墓代表一个家族的墓葬，由几个家族的合葬墓组成一个区，区代表氏族，可知元君庙墓地是两个氏族所组成的胞族墓地。

后段的文化遗存包括史家类型、后岗类型、下王岗类型及石虎山遗存等。这一阶段共发现各类墓葬 1800 多座，其中不同葬式的土坑葬 1400 多座，瓮棺葬 300 多座（西水坡、八里岗及雕龙碑三处墓地的墓葬数量都很多，合计约 500 多座，但简报分期、分类均不详，不便统计，从略）。

土坑葬仍是最流行的墓类，其中一次葬较前段大大减少，二次葬数量明显增加，据统计二次葬只略少于一次葬，二者几乎相等。从分布地区来看，一次葬在多数地区仍占多数，仍是主流，但在同一墓地内也有少数或个别的二次葬，如北首岭、王家阴洼、大地湾、东庄村、后岗、西水坡、龙岗寺、何家湾等。二次葬集中的地区在这一阶段发展了，从华阴、华县向西扩展到渭南史家、临潼姜寨二期、铜川吕家崖、合阳吴家营，向南扩展到淅川下王岗二期、邓州八里岗一、二段[69]。这一阶段的墓坑形状、葬具情况、葬式、头向、年龄等均与前段基本相同。随葬物品的习俗仍很流行，随葬品的有无比例及数量较前段呈上升趋势，有的墓地流行为死者随葬冥器。多数墓地随葬器物的组合为钵、罐、葫芦瓶等，八里岗的陶器组合为鼎、罐、钵、碗及仓形器等。但也有一些墓地或零星墓葬随葬品罕见，如雕龙碑一期、后岗、西水坡、石北口、石虎山Ⅱ及红台坡下等均无随葬品。惟西水坡的 M45 异常特殊，人骨架两侧有用蚌壳摆塑的龙虎形图案，死者头向南、龙虎头向北。研究者认为：联系 M45 以南的二组蚌塑龙虎图案来看，这里应是祭祀遗迹，墓主人可能是觋。

瓮棺葬在这一时期仍很流行，是当时的主要墓类之一，约300 多座。从整个仰韶文化来看此种墓类的分布地区有所扩大，已从关中向西扩大到陇东王家阴洼，向东北扩大到濮阳西水坡，向南扩大到汉水上中游，向东扩大到郑州大河村前一期。从一个遗址来看，除北首岭中期后段的瓮棺葬多分布在成人墓区外，其余各遗址的瓮棺葬都分布在居住区房屋附近。这一时期瓮棺葬的墓坑形状、葬具、放置方法、年龄及随葬情况，均与早期前段近同，只是少有变化。如葬具多数遗址仍以瓮钵或罐钵相扣的较多，但少数遗址就有自己的特点，如下王岗、王家阴洼、大河村前一期多是瓮或罐上盖一件陶片，比较草率。西水坡是以鼎钵相扣的常见，鼎盆或二鼎相扣的也有一定数量。绝大多数仍是以葬婴幼儿为主，个别遗址特殊，如姜寨二期用瓮棺葬方法葬成人二次葬的有 25 座，占该遗址瓮棺葬总数的四分之一。

灰坑葬，仅见于西水坡一处，但具体情况不详。其他遗址不曾发现。

早期后段的墓地，从墓葬的平面分布和头向来看，与早期前段一样存在着分区、分群的情况，有少数也比较特殊。如史家墓地看不出成排成群的情况，只能按一个墓区看待，这里的合葬墓是若干家族墓葬的反映，若干家族墓又组成一个较高一级的社会组织。也就是说这里可能是一个氏族的墓地。姜寨二期墓地，189 座墓，经鉴定的死者人骨达 2000 多人，这些多人二次合葬墓，看不出成排分群的布局，研究者认为一个家族或一个氏族在一个不太长的时期内不会死亡这么多人，这里可能是一个胞族的墓地，可能还包括原属本胞族派生出去的住在其他聚落的氏族成员死后归葬祖茔的死者。103 座瓮棺葬可以明显的分为五群。北首岭东南区墓地，属于后段的墓葬有 100多座，其中多数因墓圹不清，又有复杂的叠压打破关系，难以划分群别，只有一部分可以划分为三群。66 座瓮棺葬，与成人墓交错在一起，从平面分布看三五成群，可分若干群。王家阴洼墓地分群分区最为明显，可分为二区 5 群。龙岗寺属于这一阶段的 255 座墓葬，分四层，由下往上第四层至第一层。这里的墓葬分区分群情况比较清楚，第四层可分三区 6 群，第三层可分三区 9 群，第二层可分三区 4 群、瓮棺葬 1 群，第一层仅一区 5 群、瓮棺葬 1 群。何家湾属这一阶段的墓 79 座，明显地可分为三区 5 群。下王岗二期 451 座墓葬，明显的分为四区，若干群。上述 7 处墓地除史家为一个氏族墓地外，其余都是由两个以上的氏族所组成的一个胞族的墓地，它们所在的聚落也都是一个胞族的聚落。

　　仰韶文化中期，即第四段，其文化遗存包括庙底沟类型、钓鱼台类型、八里岗类型及王墓山类型等。共发现各类墓葬664 座，其中土坑葬 119 座，瓮棺葬 537 座，灰坑葬 8 座。这一阶段发现集中成片的墓地很少，仅有王湾和后庄王二处，墓葬数量也不多，仅有十几或二十几座[70]。所见墓葬多为零星发现。从已发现的墓葬来看，中期土坑葬仍是最流行的墓类，绝大多数葬成人，个别的葬小孩。以一次葬为主，二次葬是个别现象，多人二次葬除八里岗三、四段较多外，其余各地几乎绝迹。土坑葬的墓形、葬具、头向等与早期一般情况近同，只是个别墓的头向比较特殊。即有向东或南或东南者。另外王湾的死者头骨涂硃的现象异常普遍。这期的墓葬随葬情况，除八里岗多数墓有随葬品外，其他各地的墓葬绝大多数无随葬品，所见有随葬品的仅 7 座，也多不丰富。惟泉护村太平庄的一座女性墓随葬品较为丰富，计有黑陶小口瓶、钵、鸮鼎各 1 件、釜灶 1 套、有孔石斧 1 件、石铲 1 件、骨匕 14 件及骨笄 1 件，共 21 件，尤其鸮鼎形象逼真，栩栩如生，为罕见的艺术珍品。

瓮棺葬，仍是此期的主要墓类之一，婴幼儿多为一次葬，约 392 座，成人多二次葬，约 145 座。前者多出自西山，后者多出自洪山庙。这一时期的墓坑形状，有圆形和长方形二种，大小仅能容下葬具。放置方法有竖放和横陈二种。葬具较早期特殊，洛阳至郑州间多用尖底瓶为葬具，同时也用瓮钵或罐钵相扣合的葬具；汝州、鲁山及其附近地区用缸和器盖专制品为成人二次瓮棺葬具（图二四 .2～6）。有的缸腹有彩绘。彩绘多施白衣，以黑彩为主，纹饰有人物、动物、几何图形及生产工具等。如阎村的鹳鱼石斧彩陶缸，形象生动，为当时人们真实生活的写照，是极为难得的艺术珍品。豫西南鄂西北的瓮棺葬具，多用瓮、盆、罐、鼎、尖底缸等，有的用 1 件，有的用 2 件，有的用 3 件，不甚规律，如下集、雕龙碑等。此期在瓮棺葬具上钻孔的情况较前大为减少，仅在阎村的缸底和后庄王的尖底瓶腹部仍有钻孔外，其他各地均未发现。瓮棺葬的随葬情况，绝大多数没有。仅在洪山庙有 4 座各随葬 1 件小杯或小钵。

灰坑葬，共 8 座，其中庙底沟 4 座，中山寨 2 座，西河庵和下孟村各 1 座。这些坑内的死者，有的 1 人，有的 2 人，有

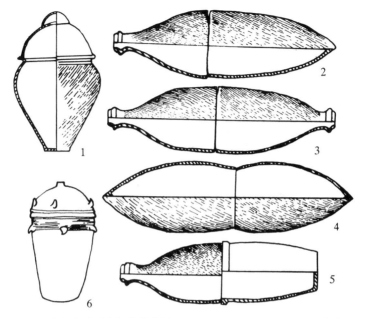

图二四 仰韶文化早中期瓮棺葬图(1. 半坡出土,2～5. 王湾出土,6. 邱公城出土)

的 3 人，有的仰身，有的俯身，有的屈肢，有的骨架凌乱，均无随葬品。死者身份明显与埋在公共墓地的死者不同，研究者认为他们是战俘的可能性较大。

此期墓葬的分区、分群情况，或因发现较少，或因简报不详，难以进行深入研究。惟洪山庙墓地特殊，是以瓮棺葬的形式二次埋葬死者，用一个大坑埋葬 136 座瓮棺葬，应视为集体埋葬。M1 大坑内明显的分为 13 排，每排又分为两三组，每组由三四座瓮棺组成。这里的组可能是一个家族的死者，每排可能是氏族在一定时期的死者，大坑可能是胞族一定时期内统一组织，集中各氏族死者实行二次葬，安葬在一起的。

仰韶文化晚期，即第五段，文化遗存包括西王村类型、石岭下类型、秦王寨类型、大司空村类型、赵湾类型及海生不浪类型等。共发现各类墓葬559座（西山土坑葬分期数目不详，现全部计入晚期，其中可能有中期的一部分）。其中土坑葬448座，瓮棺葬106座，灰坑葬5座。晚期发现墓葬较少。尤其埋葬集中的墓地除西山、雕龙碑外，其他多为零散分布。土坑墓仍是此期的主要墓类。其形制多为长方形墓穴。一次葬常见，二次葬在很多遗址是个别现象，惟雕龙碑还有较多的二次葬。另外还有几座合葬墓较重要，如紫荆的M19为一座成年女性和小孩的合葬墓，青台M10为母子合葬墓，西山的M79为成年男子和婴儿的合葬墓，M86和M97是一次葬和二次葬的成年男女同穴分层合葬。M85为成年男女合葬墓，青台的M25为一对成年男女合葬（图二五.1），庙子沟M4为一对成年男女和幼儿合葬[71]。此期墓葬绝大多数无葬具，惟伊阙城的墓葬均有棺椁并有漆痕。头向多不一致。王湾二期、青台、西山、大张及雕龙碑三期多头向西或西北；椅圈马四期、伊阙城、朱家台的多头向南或东南；宫家窑、寨茨岗和阳坬的多头向北或东北[72]。葬式，大多数为仰身直肢，庙子沟流行屈肢，王湾有俯身者二座、其中一座墓的死者双手呈被缚状。随葬情况，多数墓没有，少数有。椅圈马的几座墓都有随葬品，主要是陶器，以钵、豆、壶为组合。伊阙城5座墓有3座随葬玉饰。阳坬和雕龙碑不用陶器随葬，而用猪下颌骨或头骨随葬，有的墓一副，有的墓几副，十几副，有的多达七八十副。

瓮棺葬，仍很流行，均为婴幼儿，共发现106座。墓坑形制，多为口大底小的圆形坑，坑的大小视葬具大小而定。放置情况，竖放的多，斜放的少，横陈的更少。葬具有明显的地域特色，中心区和早中期一样多用瓮钵相扣，豫中区多用鼎钵、鼎罐或钵罐相扣（图二五 .2），豫西南鄂西北多用二罐、罐盆或罐钵缸相扣。这一时期在瓮棺葬具上钻小孔供灵魂出入的作法已经绝迹。这可能是随着社会的变改，人们的信仰观念有所变化的反映。此期有随葬品的是个别现象。

灰坑葬，共 6 座，其中半坡晚期 2 座，大张、点军台、石固Ⅷ期及中山寨四期各 1 座，庙子沟也有灰坑葬的现象。其葬式等埋葬情况均与早中期灰坑葬相同。

晚期墓葬的分区分群情况，多因简报不详难以深入研究。西山的墓地明显分为两区，但因分布平面图未发表，无法分群。惟有少数遗址的瓮棺葬和早期一样也是成群埋葬在房屋附近的，如青台的 16 座集中在一起自成一群，李家沟约可分二群，雕龙碑的 5 座集中在一起自为一群。

上述对仰韶文化埋葬制度的考察，使我们对它所反映的问题，有了比较清楚的了解。概括起来有几点：第一，仰韶文化

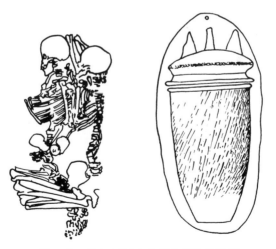

图二五　青台 M25 和点军台 W1 示意图

墓葬的类别、墓形、葬具、头向和随葬品等，早中晚各期都有明显的特征。第二，仰韶文化早中晚各期墓葬的葬式有一定的发展演变规律。第三，仰韶文化早中晚各期各墓地的墓葬的分布都有一定的排列次序以及分区分群的现象，对研究当时居民的社会组织结构具有十分重要的意义。

6. 仰韶文化居民的体质特征及种系

仰韶文化是中国新石器时代的主体文化之一，它的分布地域之广，人口之众多，延续时间之长，所创造的物质文化、精神文化之发达，堪称世界之一最，为雄踞东方的中华民族古代文明谱写了光辉的篇章。那么，创造仰韶文化的人是什么样的形象呢？用人类学的术语来说，是什么样的体质特征呢？是属于人类学上的哪个种系呢？与现代中国人的关系怎样呢？要回答这些问题需体质人类学家的研究，是体质人类学家通过对考古发现的古人类遗骸进行研究才能解决的问题。早在 20 年代，在中国工作的加拿大学者步达生（Block.D）曾对安特生在河南、甘肃发现的仰韶文化及马家窑文化的人骨标本进行研究，其结论是：这些史前居民在体质形态上具有典型东方人种的特征。其体质与现代华北人有许多共性，因而称他们为"原始中国人"[73]。后来随着中国考古学的发展，于 50 年代发现了大批仰韶文化人骨标本，这些标本大都请体质人类学家、人体解剖学家进行性别、年龄鉴定，为研究当时的埋葬习俗、婚姻形态、社会组织等都起到了重要作用。颜訚及其助手对半坡、北首岭及元君庙三个典型遗址的人骨，经观察与测量，所得结论是这几个遗址人骨的体质类型是基本一致的。他们的形态特征是：都具有简单的颅顶缝、眶形圆钝、颧骨突出、鼻棘低矮、低而凹形的鼻梁、犬窝浅、面部扁平、铲形门齿出现等高等现代蒙古人种头骨上常见的形态特点。从颅骨测量分析来看，他们往往是中颅型和高颅型、中等面宽、中等偏低的眶型、上面较高、齿槽突颌和阔鼻倾向。根据三个遗址人骨标本的长骨推算，男性估计身高为167.5~169.5厘米。其种系特征与现代蒙古人种的南亚支系比较接近，与新石器时代南亚类型也较接近[74]。这和步达生的研究结论是有区别的。

近些年来，韩康信、潘其风等对庙底沟二期、横阵及姜寨的人骨标本进行综合研究，提出了与颜间不同的认识。认为颜间所得结论的根据，即仰韶居民的偏低眶型和阔鼻倾向是保存了旧石器时代祖先类型的某种尚未十分分化的性质。仰韶居民的头骨形态的基本形式已很接近同地域远东支系类型的头骨，还保存着尚未完全分化的某些原始特点。所以，把仰韶居民的体质类型看作现代华北人的原形的观点是大致可以确立的[75]。仰韶居民的体质特征与现代华北人的体质特征是接近的或者说是一致的，仰韶居民应是现代华北人的直系祖先。这和早年步达生的研究结论是相同的。

7. 仰韶文化居民的社会组织及社会发展阶段

自70年代以来，关于这一问题的讨论又热烈地开展起来。在讨论中大体有两种意见：一是认为仰韶早期是母系社会的繁荣阶段，中晚期是父系氏族社会[76]。二是认为整个仰韶时期是父系氏族社会，还带有军事民主制的性质，出现了文明的曙光，已达到酋邦王国[77]。在学术界持第一种意见的人较多，持第二种意见的人较少。我们认为仰韶文化经历了早中晚2000多年，分布在八九个省区，其本身又分为几个区系若干个类型，文化面貌比较复杂，若简单的认为它是"母系"或"父系"是不太切合实际的，而应该从历史发展的角度分析。

我们试从早中晚各期考古资料所反映的经济发展水平、居住情况、聚落形态及埋葬制度等来探讨这一问题。

早期的经济状况，从总的情况来看，无论是生产工具、生产技术、生产规模及生产关系都是呈现出比较原始的状态。农业生产、饲养家畜、纺织、缝纫、生儿育女、制备食物等多项劳动都由妇女承担，男子主要从事渔猎活动，收获远比不上农业、饲养家畜稳定可靠，所以妇女在整个经济生活中起着重要作用，经济地位和社会地位均比男子要高。这时的各类房屋建筑均为单间，其使用情况从姜寨资料来看，小型房子多为对偶婚家庭的住处，也还有走访婚的群婚残余的情况。中型房屋是若干对偶家庭所组成的家族的标志。大型房屋是由几个家族所组成的一个氏族的标志。由几个氏族又组成一个血缘关系紧密、向心的、封闭式的胞族聚落。这些都是母系制的特点。早期流行的单人一次葬分群、分区及多人二次合葬分坑、分区的情况，也是母系制血缘关系紧密的反映。但又出现了个别的夫妻或父子合葬的现象（元君庙 M425，姜寨 M96、M215、M293 及 M327），这又是父系制的反映。从这些情况分析，早期的社会组织、社会性质应是母系氏族社会的繁荣阶段，并已发展到它的顶峰，父系制已经萌芽，或者说由母系氏族制已开始向父系制过渡。

中期的经济状况，生产工具、生产关系等都较前进步，男子已逐步成为农业生产的主力，其经济地位和社会地位已经提高。房屋建筑方面，各地双间式房屋的出现和推广，正是为适应一夫一妻制婚姻家庭的需要而产生的。八里岗 F35、F36 多间式套房，应是父系家庭的住所，由若干这样的房屋所组成的三大排，应是三个父系氏族所组成的胞族聚落。洪山庙的成人二次瓮棺葬埋葬坑，分组、分排的情况应是家族、氏族、胞族三级组织的反映，在一些葬具（缸）上绘制或塑制男性生殖器的现象应是男子社会地位提高，在人们中间享有崇高威望的反映。各地发现的灰坑葬中有俯身、有屈肢、有身首分离、有作挣扎状的情况，可能是对战俘处死后随便埋葬的反映。由这些情况来看，我们认为中期的社会组织、社会性质应是父系氏族社会，父权制在多数地区已经形成，私有制和战争开始出现，少数地区可能滞后一些，仍处在由母系向父系的过渡阶段。

晚期的经济状况，生产工具进步很快，打制的几乎绝迹，磨制的无论数量或质量都达到了相当的水平。切锯、钻孔、磨制技术显著提高，器类增多，石犁、石耜及精制的中耕管理和收割、加工工具业已出现，使生产力得到快速发展。尤其是石犁、石耜的发明对农业的发展起决定性的作用，它是增加耕地、扩大种植面积、深翻保墒、提高产量、增加收入的关键。使用石犁耕作需要强壮劳力，男子已是农业劳动的主要力量。随着婚姻制度的改变，妇女逐渐以纺织、缝衣、生儿育女、做饭等家务劳动为主了。这时已经形成了男耕女织自然经济的普遍状况。这时的住房情况变化更大，小型双间或套间房屋已经普及，寒冷地区仍多单间但房内多有私储设施（窖穴），均为一夫一妻制个体家庭的住处。中型房屋有的四五间组成一座，有的六七间组成一栋、应是若干个体家庭包括几辈人所组成的父系大家族的住所（大河村、八里岗、雕龙碑）。大型排房或成片房屋，是若干个家族所组成的父系氏族的聚居地，由几排（八里岗、雕龙碑）或几片（大地湾、西山）房屋组成的聚落，应是一个胞族（或部落）的中大型中心聚落，也可能是统领一方的部落联盟首领的驻地。晚期的埋葬制度，虽有不少单人葬，但夫妻合葬的现象已经普及，如青台的 M25，西山的 M85、M86 及 M97，庙子沟的 M4 等均为夫妻合葬，这是一夫一妻制婚姻形态的反映。阳坬和雕龙碑个别墓大量随葬猪头或下颌骨的现象应是私有制产生和贫富分化的反映。同时男性生殖器崇拜的风气广为流行，如大地湾、李家沟、福临堡、乔山底、高崖、北刘庄、海生不浪等都有陶祖或石祖发现。大地湾 F411 的地画舞蹈交媾图是祈求生育的巫术，这些情况都是父系氏族制下意识形态的反映。还有姜寨四期的玉圭、下王岗三期和庙子沟出土的石璧等均为特殊用品，非一般氏族成员所有，应是氏族首领权力的象征。从上述情况来看，我们认为仰韶晚期父系社会、父权制在各地均已确立，私有制已有发展，贫富开始分化，并已开始发展到军事民主制的部落联盟时期，部分地区已达到酋邦王国（或古城古国）阶段，文明基因已经孕育[78]。

8．仰韶文化居民的科技知识及文化艺术

仰韶文化居民通过长期的生产劳动实践，开阔了视野，丰富了知识，提高了技能，增长了才智，出现并发展了科学、文化和艺术，从而促进了生产，改善了人们的生活，为后来的继续发展奠定了基础。

从大量的考古资料证实，当时居民已掌握了一定的数学知识。如半坡、姜寨等出土的彩陶纹饰中，有不少用斜线和三角组成的纹饰，大多以三角形为中轴，中轴两侧画有数目完全相同的斜线，少者各 2 条，多者可达 10 多条。庙底沟一件彩陶上饰有两个圆形网纹，两个圆圈内的交叉斜线数目完全相等，从右往左斜各为 9 条，从左往右斜各为 12 条。这些实例表明，仰韶居民至少已有了 12 个以上数的概念，并能熟练进行加减运算，否则，这些对称的纹饰是无法完成的。仰韶居民具有一

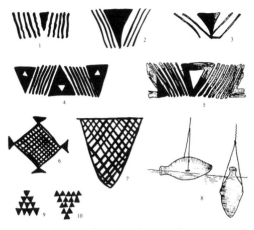

图二六　仰韶文化居民的数理知识

（1～8. 半坡出土，9、10. 北首岭出土）

定识数能力的同时，也有一定的形的知识。在彩陶纹饰中不仅有三角形，而且还有圆形、菱形等几何图形。当时的房址平面多为圆形、方形和长方形，大都非常规整。如果不经准确的计算和丈量，显然是难以做到的。早在仰韶文化以前，人们已有物理知识的运用。如钻木取火，弓箭的发明等是物理知识。仰韶居民用纺轮捻线，是对力学原理的运用。轮制陶器是运用离心力的现象。营建房屋时对柱、梁、檩、椽合理分布与组合，综合承重的计算以及尖底瓶的汲水等都是对重心原理熟练掌握的反映（图二六）。当时对兽皮加工的熟皮技术，对野生麻类纤维的浸沤剥取，纺线、织布、染色、缝衣以及酿酒等都是运用化学知识的反映。大河村彩陶上的太阳纹、日晕纹、月牙纹、星座纹等表明当时人们已掌握了一定的天文历法知识。

在仰韶文化陶器上已发现许多刻划符号，据统计已有270

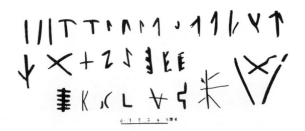

图二七　刻划符号

（上段为半坡出土，下段为姜寨出土）

多个标本，都分布在关中、豫西和晋南地区。以半坡和姜寨最多（图二七）。在这些标本中除相同者外，共有 52 种不同的符号[79]。有关这些刻符的性质，已有不少学者进行研究，看法颇不一致：一种意见认为是原始文字，是中国文字的起源，或者是中国原始文字的孑遗；另一种意见则持否定态度，认为可能是器物制造者的专门记号[80]。看来在未发现新的证据之前尚难作出定论。

　　仰韶时期的绘画艺术已取得显著成就，成为仰韶文化的重要特征之一。从时间来看，以早期和中期最为发达，晚期开始衰落；从地域来看，早期以中心区最为突出，中期遍及各地，晚期则以陇东的石岭下类型、豫中的秦王寨类型及豫北冀中南的大司空村类型仍然比较流行。早期彩陶以单彩为主，即以红地黑花最多。中晚期多用两种或两种以上的颜色形成复彩，色彩绚丽美观。仰韶彩陶的题材分为两类，一是象生性的人物、动物、植物等写实画，一是装饰性的几何形图案画。早期的人物画多以人面为主，有的辅以线纹或网纹，如半坡、姜寨、北首岭等都有典型标本发现。中期的人物画题材更为丰富，如洪山庙的彩陶缸上，有的绘人物狩猎图、有的绘人物裸体图、有的绘男根图及手掌图等。晚期的人物较少，仅在大地湾 F411 房内居住面上发现地画一幅，研究者认为这是一幅人物追赶野兽图，有人认为这是一幅二人交媾舞蹈图。不论作何解释，这幅地画都不愧为我国最早的一幅杰出的原始绘画作品[81]。动物画常以飞禽、走兽、鱼、蛙、爬虫为题材。而且已经能准确的捕捉和表现各类动物的不同姿态，如北首岭的鹭鸟衔鱼图、游凤的鲤鱼食鸟图，阎村的鹳鱼石斧图，洪山庙的双鸟戏龟图、人物狩猎图，大地湾的两兽相扑图等。彩陶中的植物画常以树木、花草为题材，同时还以水波、太阳、月亮、星座、日晕、火焰等自然现象为题材，也有以生产工具为题材的。彩陶上的装饰性几何图案画是由平行线、斜线、竖线、曲线、弧线、圆点及三角所组成的，是对景物或形体的一种抽象式的概括，即由点、线和面的条理性反复、重叠、交叉与组合变化而成的。构图多采用正反和阴阳对比的艺术手法，使图案在整齐中又富于变化，因而具有独特的节奏和韵律之美，并有良好的装饰效果(图二八)[82]。

　　雕塑艺术也有一定发展，其材质可分为骨雕和陶塑两种，以后者数量最多，其题材可分为人物和动物两类。早期的陶塑

图二八　绘画艺术

1、5、10、11、13.半坡出土　2.龙岗寺出土　3、8.大地湾出土　4、9.洪
山庙出土　6.姜寨出土　7.阎村出土　12.泉护村出土　14.庙底沟出土

人物像在半坡、龙岗寺、洛南均有发现，半坡的是一件女性个
体老人像，龙岗寺的将细颈壶口部塑成人面形，口、眼、鼻均
与器物腹腔相通。中晚期陶塑人物像发现较多，北首岭、黄
陵、邓家、大地湾、案板、柳家河及柴家坪等遗址都有发现。

如北首岭的一件，人面轮廓为圆形，高9、面阔7.3厘米，面颊丰腴，鼻梁挺直，下颌微圆，眼睛和嘴巴镂孔，并用黑彩画出眉毛、胡须，双耳扁平，耳轮上穿有小孔，其男性特征非常明显，形象也很生动。以动物为题材的陶塑作品，早期以猪、羊、青蛙、蚕蛹、鸟、兽常见。何家湾的猪头、姜寨的羊头，均和今日之猪羊酷似，下王岗和南杨庄的陶塑茧蛹，形象与今日之家养蚕酷似。中晚期的陶塑动物作品，有鹰、鸟、蛇、壁虎等。庙底沟出土的鹰头、鸟头、形象逼真、栩栩如生，太平庄的鸮形陶鼎，整体造型是一只肥硕的鸮鸟，钩嘴利喙，双目圆睁，粗腿利爪，气势凶悍，形象生动（图二九）。

9. 仰韶文化与周邻地区诸原始文化的关系

在仰韶文化分布地域的周邻地区，同时存在着东方的大汶口文化、东南的青莲岗文化、南方的大溪文化及北方的红山文化等。它们彼此之间都存在着程度不同的交流、影响和传播关系。互相融合，共同提高与发展。

仰韶早期周围的诸原始文化势力尚小，有的正处于初始阶段，有的正在孕育形成之中，有的比较成熟，但它们之间都有一定的空白地带。遂使比较发达的仰韶文化处于所向无阻的扩张态势。如以关中、豫西、晋南为中心区的半坡类型、史家类型向东发展到洛阳一带，向西发展到陇东地区，向北发展到内蒙古中南部，向南发展到豫西南一带。豫北冀中南区的后岗类型，向东发展到濮阳一带，向西通过"太行八陉"影响到晋中、北地区，向西北发展到内蒙古中南部与半坡类型、史家类型融合成当地的仰韶早期文化石虎山遗存，向南发展到豫中一带。豫西南鄂西北的下王岗类型（前段），在发展过程中接受了北来的半坡类型、史家类型的影响，同时也融进了南来的大

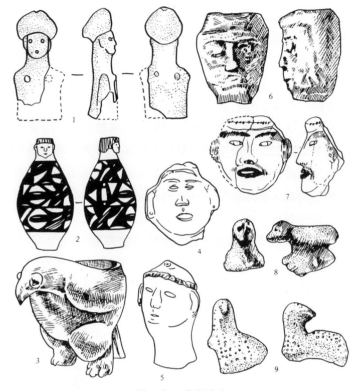

图二九　雕塑艺术

1. 邓家庄出土　2. 大地湾出土　3. 太平庄出土　4. 柴家坪出土　5. 高寺头出土
6. 何家湾出土　7. 北首岭出土　8、9. 半坡出土(1～5、7～9. 陶塑　6. 骨雕)

溪文化的少许因素。

　　仰韶中期，仍以关中、豫西、晋南为中心，由于生产力的
发展，社会制度的变改（父系制基本形成），使仰韶文化发展
到最为发达的程度，势力愈加强大。对周邻诸原始文化给予了
强烈的影响。向西一直发展到青海东部的民和一带；向南发展
到汉水中上游，对江汉平原的大溪文化有一定影响；向东发展

和日渐强大的大汶口文化、青莲岗文化接触，并给予一定影响，在豫东（周口）地区形成了交错存在的局面；向北对红山文化有一定影响。这些影响是全面的，不仅包括生产技术和文化艺术的传播（图三〇），可能还包括社会组织结构及社会制度等的影响[83]。

仰韶晚期，整个仰韶文化以其发达的经济实力和先进的社会制度继续较快地向前发展，同时又博采众长，吸收周邻诸原始文化的先进因素，如豫中区和大汶口文化有着密切的关系，长城区和红山文化有密切的关系等[84]。遂使自己发展更快，各地都先后形成了一些中心聚落，出现了一些行政、议事性的大会堂式特大型建筑（大地湾的 F901、案板的 F3、南佐疙瘩渠的 F1、西山的 F84、八里岗的 F34 等）。在豫中还出现了我国最早的城（西山），使中国古代社会继续前进——正朝向文明的门槛迈进。

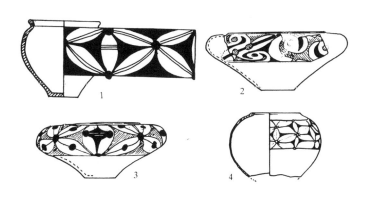

图三〇　大汶口文化、青莲岗文化、红山文化及大溪文化彩陶
1. 章丘董东出土　2. 邳县大墩子出土　3. 敖汉旗五道湾出土
4. 枝江关庙山出土

（三）中国考古学技术方法的成熟促进
了仰韶文化研究取得丰硕成果

自 70 年代以来中国考古学技术方法在前一段的基础上又得到了继续发展，这主要表现在地层学和类型学的继续发展以及现代科学技术成就在考古学中的运用。70 年代我国的田野考古方法仍是沿用 50~60 年代的经验进行工作的，夏鼐和石兴邦的方法论仍在起着主要的指导作用。同时严文明的《田野考古学讲义》和吉林大学的《工农考古基础知识》广为传播，在指导田野考古的实际工作中都起到了积极作用[85]。80 年代以来，我国考古学家对考古学方法论的总结和研究相当重视，苏秉琦、石兴邦、张忠培、俞伟超等都有这方面的论著发表，大多是从中国考古学自身的实践中总结出来的方法论[86]。同时一批青年学者对国外考古学方法的译作也陆续出版，便于在我们的考古工作实践中参考[87]。这些有关方法论的成就使我国的考古工作在科学化、规范化方面进入了一个新的阶段，为建立具有中国特色的、具有世界先进水平的田野考古工作体系迈出了可喜的步伐。同时对仰韶文化的深入研究也起到了极大的推动作用。

1. 地层学方法在仰韶文化研究中的重要作用

由于前一阶段关于仰韶文化类型和分期的讨论比较深入，树立了一批典型遗址、典型单位、典型器物群作为可资对比的范例，又加本阶段国内外考古学方法论的指导，遂使仰韶文化的田野发掘工作在地层学方面取得了优异成绩，获得了很多重要发现。自 70 年代以来在姜寨、大河村、下王岗、李家沟、

大地湾、石固、三关、阿善、泄湖、椅圈马、西山等 50 多处
重要遗址的发掘中发现了不同文化或同一文化的不同期别、不
同类型的地层叠压或遗迹单位的打破关系。所涉及的新石器时
代文化及历史时期初期的文化有磁山裴李岗文化、老官台文
化，仰韶文化早期的枣园 H1、石固五期、零口二期一类的文
化遗存、半坡类型、史家类型、后岗类型、下王岗类型、石虎
山遗存，中期的庙底沟类型、钓鱼台类型、八里岗类型、王墓
山类型，晚期的西王村类型、石岭下类型、秦王寨类型、赵湾
类型、大司空村类型、海生不浪类型，以及仰韶文化的后继文
化如庙底沟二期文化、马家窑文化、常山下层文化、屈家岭文
化、以大河村四期为代表的过渡文化、老虎山文化、客省庄二
期文化、河南龙山文化、二里头文化、商文化、西周文化等。
每个遗址都有两个或两个以上文化或类型的地层叠压关系，都
在这个从早到晚的纵的诸文化发展序列之中。总的来看，这一
阶段地层学方法在仰韶文化的研究中起到了极大推动作用。基
本上勾勒出了我国中部及其周邻地区新石器时代诸文化及历史
时期早期诸文化的一个完整的从早到晚的发展序列。这些重要
发现不仅为研究仰韶文化的渊源、分期、区系类型和后继等问
题提供了重要的科学依据，而且为研究我国的夏、商、周早期
历史也有特别重要的意义。

2. 类型学方法对仰韶文化研究的深刻影响

中国考古学于 70 年代在全国各地都得到了蓬勃发展，新
的发现一个接着一个，考古资料大量涌现。苏秉琦先生高瞻远
瞩，深入实践，走遍了全国各个重要考古工地，看标本，摸陶
片，与发掘者讨论实际问题，几年间发表了一大批新著，对各
地的新发现及时指导，到 1981 年便酝酿成熟了《关于考古学

文化的区系类型问题》的重要论著。这是他从早年对器物进行类型学研究发展到对一个考古学文化（仰韶文化）进行类型学研究，又进一步发展到对全国各地考古学文化进行类型学研究的最重要的研究成果，是他对类型学方法论进一步发展的结果，为我国史前考古研究指出了明确的方向，是他献给中国考古学研究的一份厚礼[88]。后来在苏先生这一理论指引下，经过各地区的努力工作，对本地区新石器时代诸考古学文化的区、系、类型的研究都有了一个明显的眉目，都取得了重要的成果。就仰韶文化的研究来说，对区、系、类型的研究一下子呈现出百花齐放的局面，发表了很多看法[89]，从主观上都是运用区、系、类型的理论方法进行研究的，但意见多不一致。这些意见截至目前仍处在讨论之中，有些已经趋同，有些还有待新的资料发现才能定论。总之，类型学以及由类型学发展起来的区、系、类型学方法论对仰韶文化研究的深入有其极为重要的意义，它指导着我们对仰韶文化的研究不断深入、不断前进。

3. 现代科学技术在仰韶文化研究中的运用

考古学从一开始就与自然科学有着比较密切的关系，作为近代考古学方法论主要内容的地层学和类型学就是借鉴于地质地层学和生物分类学经考古学家的改造而形成的。随着自然科学的发展，科学技术的进步，为考古学研究提供了越来越多行之有效的研究手段，使考古学的方法论不断增添着新的内容。考古学运用自身的操作规程，通过田野调查、勘探、发掘获得大批实物资料。考古学家在整理研究这些实物标本时，用有经验的眼睛和长期积累的知识对各种遗迹、遗物的表象特征进行观察、体验（手摸或模拟实验）、分析、对比、研究等，都是有效的基本方法。但发现的遗迹、遗物除外表特征外，还有更多、更直接的内在信息，如它们的绝对年代、材料的成分组成、加工工艺、航片破译、人骨测量、古气候、古生态环境、动植物研究、物理化学分析、数学手段等，都是考古学家所难以完成的。只有依赖于相关学科的技术成就才能"发掘"出更多的研究信息，才能真实的或者更接近真实的复原古代人类的社会历史的各个方面。在中国考古学史上有一个很好的传统，就是它一直和自然科学有着密切的合作关系。在老一辈的考古学家中，都与自然科学家有直接的合作关系，如安特生、李济、梁思永等，在对仰韶村、西阴村及后岗等遗址的研究中都很重视和自然科学家的合作，50~60年代这一传统得到了继续发展，70年代以来与考古学发生合作关系的自然科学大量增加，它们都以自身的先进技术向考古学渗透，这样，不仅为考古学增添了新的研究手段，而且为各门学科史的研究也找到了新的信息。就目前来看，已经用于仰韶文化研究的自然科学学科有：体质人类学、古生物学、地质学、地理学、矿物学、测绘学、农史学、物理学、化学和数学等。具体来说，体质人类学可通过古人类的骨骼鉴定性别、年龄、种属、死因及病态等；古动物学可以通过出土的兽骨鉴定出当时的动物群情况；植物学可以对浮选出的农作物种子研究、植物孢粉分析、植物硅酸体了解当时的农业及生态环境植被景观的情况；地质学、地理学可以通过考古资料对当时的山脉、河流、高原、丘陵、平原、湖泊等地形、地貌的发育、变迁及人类活动等进行研究，寻找其规律所在；矿物学可对当时的石器岩性、原料产地进行研究；物理、化学的方法可用来测定遗存的绝对年代，如碳十四法、热释光法、古地磁法、钾—氩断代法、树轮年代测定法及铀系测年法等，都能对不同的遗迹遗物通过先进的技术方法测定出绝对年代；化学还可以用来对陶器质地分析、陶土产地、烧成温度进行研究；概率论、模糊数学等近年来也被用来对考古学同期墓葬相对年代的研究[90]。这些自然科学的方法，在仰韶文化研究中多被采用，尤其碳十四测年法使用得更为普遍。凡是正式的考古发掘报告中，都有这些方面的研究成果发表。

注　释

［1］国家文物局主编：《中国文物地图集·河南分册》，中国地图出版社 1991 年版。

［2］国家文物局主编：《中国文物地图集·陕西分册》，西安地图出版社 1998 年版。

［3］根据甘肃省文物局赵雪野整理甘肃省文物普查资料统计。

［4］宁夏文物考古研究所、中国历史博物馆：《固原地区新石器时代遗址调查简报》，见《宁夏考古文集》，宁夏人民出版社 1994 年版。

［5］郑绍宗：《河北省文物考古工作十年的主要收获》，《文物春秋》1989 年创刊号。

［6］根据山西省文物局师悦菊整理山西省文物普查资料统计。

［7］未见综述数字，根据已发表资料，约 50 处左右。

［8］中国社会科学院考古研究所长江工作队：《湖北郧县和均县考古调查与试掘》，《考古学集刊》第 4 集，中国社会科学出版社 1984 年版。

［9］西安半坡博物馆等：《姜寨——新石器时代遗址发掘报告》，文物出版社 1988 年版。

［10］西安半坡博物馆等：《陕西渭南史家新石器时代遗址》，《考古》1978 年 1 期。

［11］郑州市博物馆：《郑州大河村仰韶文化的房基遗址》，《考古》1973 年 6 期；郑州市博物馆：《郑州大河村遗址发掘报告》，《考古学报》1979 年 3 期；郑州市文物工作队等：《郑州大河村遗址 1983、1987 年仰韶文化遗存发掘报告》，《考古》1995 年 6 期；郑州市文物考古研究所：《1982、1985 河南郑州市大河村遗址发掘》，《考古学集刊》第 11 集，中国大百科全书出版社 1997

年版。

[12] 河南省文物研究所等：《淅川下王岗》，文物出版社 1989 年版。

[13] 甘肃省博物馆文物工作队：《甘肃秦安大地湾遗址 1978 至 1982 年发掘的主
要收获》，《甘肃秦安大地湾第九区发掘简报》，《秦安大地湾 405 号新石器时
代房屋遗址》，《文物》1983 年 11 期；甘肃省文物工作队：《甘肃秦安大地
湾 901 号房址发掘简报》，《文物》1986 年 2 期。

[14] 国家文物局考古领队培训班：《郑州西山仰韶时代城址的发掘》，《文物》
1999 年 7 期。

[15] 北京大学考古系、南阳地区文物研究所：《河南邓州市八里岗遗址 1992 年的
发掘与收获》，《考古》1992 年 12 期；北京大学考古实习队、南阳市文物研
究所：《河南邓州八里岗遗址发掘简报》，《文物》1998 年 9 期。

[16] 陕西省考古研究所：《陕西临潼零口遗址第二期遗存发掘简报》，《考古与文
物》1999 年 6 期。

[17] 邯郸市文物保管所：《河北磁山新石器遗址试掘》，《考古》1977 年 6 期。

[18] 开封地区文管会、新郑县文管会：《河南新郑裴李岗新石器时代遗址》，《考
古》1978 年 2 期。

[19] 河南省博物馆、密县文化馆：《河南密县莪沟北岗新石器时代遗址发掘简
报》，《文物》1979 年 5 期。

[20] 中国社会科学院考古研究所：《宝鸡北首岭》，文物出版社 1983 年版。

[21] 梁星彭：《关中仰韶文化的几个问题》，《考古》1979 年 3 期；安志敏：《略
论华北的早期新石器文化》，《考古》1984 年 10 期；严文明：《北首岭史前
遗存剖析》，见《仰韶文化研究》，文物出版社 1989 年版。

[22] 甘肃省博物馆等：《甘肃秦安大地湾新石器时代早期遗存》，《文物》1981 年
4 期；甘肃省博物馆等：《一九八零年秦安大地湾一期文化遗存发掘简报》，
《考古与文物》1982 年 2 期。

[23] 北京大学考古教研室华县报告编写组：《华县渭南古代遗址调查与试掘》，
《考古学报》1980 年 3 期。

[24] 西安半坡博物馆等：《渭南北刘新石器时代早期遗址调查与试掘简报》，《考
古与文物》，1982 年 4 期；《渭南北刘遗址第二、三次发掘简报》，《史前研
究》1986 年 1～2 期。

[25] 中国社会科学院考古研究所陕西六队：《陕西临潼白家村新石器时代遗址发
掘简报》，《考古》1984 年 11 期。

[26] 山西考古研究所：《山西翼城枣园新石器时代早期遗址调查报告》，《文物季

刊》1992 年 2 期。

[27] 中国历史博物馆等:《山西省垣曲县古城东关遗址Ⅳ区仰韶早期遗存的新发现》,《文物》1995 年 7 期。

[28] 河南省文物研究所:《长葛石固遗址发掘报告》,《华夏考古》1987 年 1 期。

[29] 郑州大学考古系等:《河南尉氏县椅圈马遗址发掘简报》,《华夏考古》1997 年 3 期。

[30] 拒马河考古队:《河北易县涞水古遗址试掘报告》,《考古学报》1988 年 4 期。

[31] 竺可桢:《中国近五千年来气候变迁的初步研究》,《考古学报》1972 年 1 期。

[32] 苏秉琦:《关于考古学文化的区系类型问题》,《文物》1981 年 5 期。

[33] 邵望平:《黄河中游的仰韶文化》,见《新中国的考古发现和研究》第 33 ～ 41 页,文物出版社 1984 年版。

[34] 安志敏:《来自远古的信息——30 年来中国石器时代考古学的主要成就》,《百科知识》1981 年 12 期。

[35] 严文明:《略论仰韶文化的起源和发展阶段》,见《仰韶文化研究》,文物出版社 1989 年版。

[36] 苏秉琦:《纪念仰韶村遗址发现 65 周年》,《论仰韶文化》,《中原文物》特刊,1986 年。

[37] 石兴邦:《仰韶文化》,《中国大百科全书·考古卷》第 595 ～ 602 页,中国大百科全书出版社 1986 年版。

[38] 唐云明、孟繁峰:《河北仰韶文化的发现和研究》,《论仰韶文化》,《中原文物》特刊 1986 年。

[39] 杨杰:《内蒙古中南部新石器时代考古学文化命名问题综述》,《内蒙古文物考古》1994 年 1 期。

[40] 中国科学院考古研究所等:《西安半坡》,文物出版社 1963 年版;同注［9］;中国社会科学院考古研究所陕西六队:《陕西蓝田泄湖遗址》,《考古学报》1991 年 4 期;中国社会科学院考古研究所陕西工作队:《陕西华阴横阵遗址发掘报告》,《考古学集刊》第 4 集,中国社会科学出版社 1984 年版;北京大学历史系考古教研室:《元君庙仰韶墓地》,文物出版社 1984 年版;中国社会科学院考古研究所:《宝鸡北首岭》,文物出版社 1983 年版;严文明:《宝鸡北首岭史前遗存剖析》,见《仰韶文化研究》第 87 ～ 110 页;周春茂、阎毓民:《临潼县零口村新石器时代遗址》,《中国考古学年鉴》,1996 年;

西安半坡博物馆：《铜川李家沟新石器时代遗址发掘报告》，《考古与文物》1984 年 1 期；陕西省考古研究所：《龙岗寺》，文物出版社 1990 年版。

[41] 陕西省考古研究所等：《陕西铜川吕家崖新石器时代遗址试掘简报》，《考古与文物》1993 年 6 期；陕西考古所泾水队：《陕西邠县下孟村遗址发掘简报》，《考古》1960 年 1 期和 1962 年 6 期；甘肃省博物馆大地湾发掘小组：《甘肃秦安王家阴洼仰韶文化遗址的发掘》，《考古与文物》1984 年 2 期；中国社会科学院考古研究所甘青工作队：《甘肃天水师赵村史前文化遗址发掘》，《考古》1990 年 7 期；中国科学院考古研究所：《庙底沟与三里桥》，科学出版社 1959 年版；中国科学院考古研究所山西工作队：《山西芮城东庄村和西王村遗址的发掘》，《考古学报》1973 年 1 期；山西考古研究所：《山西翼城北橄遗址发掘报告》，《文物季刊》1993 年 4 期。

[42] 中国社会科学院考古研究所：《河南周口地区考古调查简报》，《考古学集刊》第 4 集，1984 年。

[43] 河南省文物研究所：《渑池仰韶遗址 1980～1981 年发掘报告》，《史前研究》1985 年 3 期；山西省考古研究所：《西阴村史前遗存第二次发掘》，《三晋考古》第二辑，山西人民出版社，1996 年；中国社会科学院考古研究所陕西工作队：《陕西华阴西关堡新石器时代遗址发掘》，《考古学集刊》第 6 集。1989 年；黄河水库考古队华县队：《陕西华县柳子镇考古发掘简报》，《考古》1959 年 2 期和 11 期；西安半坡博物馆等：《渭南北刘遗址第二、三次发掘简报》，《史前研究》1986 年 1、2 期；叶茂林等：《民和官亭盆地考古初获成果》，《中国文物报》2000 年 3 月 15 日；唐金裕等：《陕西城固莲花池新石器时代遗址》，《考古》1977 年 5 期；北京大学考古实习队：《洛阳王湾遗址发掘简报》，《考古》1961 年 4 期；严文明：《从王湾看仰韶村》，见《仰韶文化研究》第 1～21 页；郑州市博物馆：《荥阳点军台遗址 1980 年发掘报告》，《中原文物》1982 年 4 期。

[44] 晋中考古队：《山西太谷白燕遗址第一地点发掘简报》及《山西太谷白燕遗址第二、三、四地点发掘简报》，《文物》1989 年 3 期；西北大学文博学院考古专业：《扶风案板遗址发掘报告》，科学出版社 2000 年版；中国历史博物馆考古部等：《1982～1984 年山西垣曲古城东关遗址发掘简报》，《文物》1986 年 6 期；宝鸡市考古工作队等：《宝鸡福临堡》，文物出版社 1993 年版。

[45] 青海省文物考古队：《青海民和阳洼坡遗址试掘简报》，《考古》1984 年 1 期。

[46] 河南文物研究所：《汝州洪山庙》，中州古籍出版社 1995 年版。

[47] 郑州市文物工作队：《青台仰韶文化遗址 1981 年上半年发掘简报》，《中原文物》1987 年 1 期。

[48] 拒马河考古队：《河北易县涞水古遗址试掘报告》，《考古学报》1988 年 4 期。

[49] 梁思永：《后岗发掘小记》，《安阳发掘报告》第四期，1933 年；刘燿：《河南易县大赉店史前遗址》，《田野考古报告》第一册，1936 年；河北省文物处：《正定南阳庄遗址发掘记》，《中原文物》1981 年 1 期；张家口考古队：《一九七九年蔚县新石器时代考古的主要收获》，《考古》1981 年 2 期；濮阳西水坡遗址考古队：《1988 年河南濮阳西水坡遗址发掘简报》，《考古》1989 年 12 期。

[50] 陶宗冶：《河北张家口市考古调查简报》，《考古与文物》1985 年 6 期；赵印堂、杨剑豪：《曲阳县附近发现的古文化遗址》，《考古通讯》1955 年 1 期。

[51] 中国科学院考古研究所安阳发掘队：《1958～1959 年殷墟发掘简报》，《考古》1961 年 2 期；《安阳洹河流域几个遗址的试掘》，《考古》1965 年 7 期；中国社会科学院考古研究所安阳队：《安阳鲍家堂仰韶文化遗址》，《考古学报》1988 年 2 期；河北省文物管理处等：《河北武安洺河流域几处遗址的试掘》，《考古》1984 年 1 期。

[52] 南阳地区文物队等：《河南方城县大张庄新石器时代遗址》，《考古》1983 年 5 期。

[53] 长办考古队河南分队：《河南淅川黄楝树遗址发掘报告》，《华夏考古》1990 年 3 期；中国社会科学院考古研究所湖北队：《湖北枣阳市雕龙碑新石器时代遗址试掘简报》，《考古》1992 年 7 期；王杰、黄卫东：《枣阳雕龙碑遗址发掘又有新收获》，《中国文物报》1994 年 11 月 20 日。

[54] 长办考古队河南分队：《淅川下集新石器时代遗址发掘报告》，《中原文物》1989 年 1 期。

[55] 河南省文化局文物工作队：《河南镇坪赵湾新石器时代遗址的发掘》，《考古》1962 年 1 期；《河南唐河寨茨岗新石器时代遗址》，《考古》1963 年 12 期；《河南唐河茅草寺新石器时代遗址》，《考古》1965 年 1 期。

[56] 内蒙古社会科学院蒙古史研究所等：《内蒙古包头市阿善遗址发掘简报》，《考古》1984 年 2 期；西园遗址发掘组：《内蒙古包头市西园新石器时代遗址发掘简报》，《考古》1990 年 4 期；内蒙古文物考古研究所等：《内蒙古乌兰察布盟石虎山遗址发掘纪要》，《考古》1998 年 12 期；田广金：《内蒙古

岱海地区仰韶时代文化遗址的调查》，见《内蒙古中南部原始文化研究文集》，海洋出版社 1991 年版；内蒙古社会科学院历史研究所考古研究室：《清水河县白泥窑子遗址 K 点发掘报告》，见《内蒙古文物考古文集》第二辑，1997 年；内蒙古文物考古研究所：《准格尔旗官地遗址》，《准格尔旗鲁家坡遗址》，见《内蒙古文物考古文集》第二辑，1997 年；斯琴：《准格尔旗窑子梁仰韶文化遗址》，《内蒙古文物考古》创刊号，1981 年。

[57] 内蒙古社会科学院历史研究所考古研究室：《清水河县白泥窑子 A 点发掘报告》，见《内蒙古文物考古文集》第二辑，1997 年；崔璇、斯琴：《内蒙古清水河白泥窑子 C、J 点发掘简报》，《考古》1988 年 2 期；内蒙古文物考古研究所等：《清水河县后城嘴遗址》及乌兰察布博物馆等：《清水河县庄窝坪遗址发掘简报》，均见《内蒙古文物考古文集》第二辑，1997 年。

[58] 北京大学考古系等：《内蒙古托克托县海生不浪遗址发掘报告》，《考古学研究》（三），科学出版社 1997 年版；内蒙古文物考古研究所：《准格尔旗白草塔遗址》，见《内蒙古文物考古文集》第一辑，1994 年；内蒙古文物考古研究所：《内蒙古察右前旗庙子沟遗址考古纪略》，《文物》1989 年 12 期。

[59] 严文明：《仰韶文化研究》第 1～110 页，文物出版社 1989 年版。

[60] 本节所引碳十四年代数据均引自中国社会科学院考古研究所编：《中国考古学中碳十四年代数据集 1965～1991》，文物出版社 1991 年版，以及中国社会科学院考古研究所，北京大学考古系，中国文物研究所及其他单位的碳十四试验室截至 2000 年底在《考古》、《文物》杂志上新发表的测定报告。

[61] 曾骐：《我国新石器时代的生产工具综述》，《考古与文物》1985 年 6 期；任式楠：《我国新石器——铜石并用时代农作物和其他食用植物遗存》，《史前研究》1986 年 3、4 期。

[62] 郑州市博物馆：《荥阳点军台遗址 1980 年发掘报告》，《中原文物》1982 年 4 期。

[63] 王炜林：《瓦窑沟史前遗址发掘取得重要成果》，《中国文物报》1995 年 5 月 21 日。

[64] 中国社会科学院考古研究所湖北队：《湖北枣阳市雕龙碑遗址 15 号房址》，《考古》2000 年 3 期。

[65] 赵雪野：《西峰市南佐疙瘩渠仰韶文化大型建筑址》，《中国考古学年鉴》1995 年，又见《中国考古学年鉴》1997 年。

[66] 金则恭 1984 年发表在《考古学集刊》第 4 集的《仰韶文化的埋葬制度》和严文明 1989 年发表在《仰韶文化研究》一书中的《半坡类型的埋葬制度和

社会制度》等论文,对仰韶文化墓葬的统计方法和研究方法对我们启发很大,笔者在拙稿中多有采纳。

[67] 这里的分期分段标准依前节所列《仰韶文化区系类型与年代分期表》。

[68] 陕西省考古研究所:《陕南考古报告集》,三秦出版社 1994 年版。

[69] 陕西省考古研究所:《陕西合阳吴家营仰韶文化遗址清理简报》,《考古与文物》1990 年 6 期。

[70] 河南省文物研究所:《郑州后庄王遗址的发掘》,《华夏考古》1988 年 1 期。

[71] 商县图书馆等:《陕西商县紫荆遗址发掘简报》,《考古与文物》1981 年 3 期。

[72] 河南省文化局文物工作队:《河南临汝大张新石器时代遗址发掘简报》,《考古》1960 年 6 期;洛阳市第二文物工作队:《河南伊川县伊阙城遗址仰韶文化遗存发掘简报》,《考古》1997 年 12 期。

[73] 步达生:《甘肃河南晚石器时代及甘肃史前后期之人类头骨与现代华北及其他人种之比较》,古生物志丁种第六号第一册,1928 年。

[74] 颜訚等:《西安半坡人骨的研究》,《考古》1960 年 9 期;《宝鸡新石器时代人骨的研究报告》,《古脊椎动物与古人类》1960 年 1 期;《华县新石器时代人骨的研究》,《考古学报》1962 年 2 期。

[75] 考古研究所体质人类学组:《陕西华阴横阵的仰韶文化人骨》,《考古》1977 年 4 期;韩康信:《仰韶新石器时代人类学材料种系特征中的几个问题》,《史前研究辑刊》1988 年。

[76] 巩启明:《试论仰韶文化》,《史前研究》1983 年 1 期;李绍连:《仰韶文化社会形态初探》;郭引强:《从半坡类型和庙底沟类型谈仰韶文化的社会性质》,见《论仰韶文化》,《中原文物》1986 年特刊;严文明:《半坡类型的埋葬制度和社会制度》,见《仰韶文化研究》,文物出版社 1989 年版。

[77] 丁清贤、曹静波:《仰韶文化社会性质的讨论及我见》,艾延丁:《元君庙墓地反映的社会性质》,曹桂岑:《论仰韶文化的二次葬》,均见《论仰韶文化》,《中原文物》1986 年特刊。丁清贤、孙德萱:《从濮阳蚌壳龙墓的发现谈仰韶文化的社会性质》,《中原文物》1988 年 1 期。

[78] 参见本书本章第(二)节之 4~6。

[79] 王志俊:《关中地区仰韶文化刻划符号综述》,《考古与文物》1980 年 3 期。

[80] 郭沫若:《古代文学之辩证的发展》,《考古学报》1972 年 1 期;于省吾:《关于古文字研究的若干问题》,《考古》1973 年 2 期;高明:《论陶符兼谈汉字的起源》,《北京大学学报》1984 年 6 期。

[81] 甘肃省文物工作队：《大地湾遗址仰韶晚期地画的发现》，《文物》1986 年 2 期。

[82] 西安半坡博物馆编：《半坡史前文物精华》，陕西旅游出版社 1995 年版。

[83] 张忠培：《仰韶时代——史前社会的繁荣与向文明时代的转变》，《文物季刊》1997 年 1 期。

[84] 张志清：《河南境内的大汶口文化》，《河南考古四十年》，河南人民出版社 1994 年版；田广金：《内蒙古长城地带诸考古学文化与邻境同期文化相互影响规律的研究》，《内蒙古文物考古》1993 年 1、2 期。

[85] 夏鼐：《田野考古方法》，见《考古学基础》，科学出版社 1958 年版；石兴邦：《略谈新石器时代晚期居住遗址的发掘》，《考古通讯》1956 年 5 期；严文明著《田野考古学讲义》后来将类型学研究部分在《考古与文物》1985 年 4 期发表；吉林大学考古专业：《工农考古基础知识》，文物出版社 1978 年版。

[86] 苏秉琦：《关于考古学文化区系类型的问题》，《文物》1981 年 5 期；《地层学与器物形态学》，《文物》1982 年 4 期。石兴邦：《田野考古方法——调查、发掘与整理》，《考古工作手册》，文物出版社 1982 年版。张忠培：《地层学与类型学的若干问题》，《文物》1983 年 5 期。1984 年文化部发布：《田野考古工作规程》。俞伟超：《关于考古地层学问题》，《考古学文化论集》，文物出版社 1987 年版；《关于考古类型学问题》，《考古类型学的理论与实践》，文物出版社 1987 年版。

[87] 格林·丹尼尔著、黄其煦译：《考古学一百五十年》，文物出版社 1987 年版；日本文化厅文物保护部编，李季译：《地下文物发掘调查手册》，文物出版社 1989 年版；中国历史博物馆考古部编：《当代国外考古学理论与方法》，三秦出版社 1991 年版；中国社会科学院考古研究所编：《考古学的历史、理论、实践》，中州古籍出版社 1996 年版；日本第三次《大学与科学》公开学术研讨会组织委员会编，韩钊、秦小丽、王小庆译：《现代自然科学技术在考古学中的应用》，西北大学出版社 1992 年版。

[88] 张忠培：《苏秉琦考古学论述选集》编后记，载《中国考古学》，科学出版社 1999 年版。

[89] 见本书本章第（三）节之 2。

[90] 陈铁梅：《自然科学方法与考古学研究》，《考古与文物》1987 年 2 期；《应用于考古学中的年代测定方法综评》，《考古与文物》1980 年 3 期。冯恩学：《田野考古学》第 240～246 页，吉林大学出版社 1992 年版。

六 对今后仰韶文化研究的展望

　　仰韶文化自发现至今，八十年来的研究已有很多重要发现，积累了大量资料，取得了丰硕的成果，今后的工作就是如何在目前已经是较高的起点上，把研究工作向前推进的问题。近些年来考古学界不少学者对整个中国考古学或对整个中国新石器时代以及对仰韶文化研究等如何走向新世纪的问题，发表了很多展望性的论著，如苏秉琦、张忠培及严文明等，都有这方面的重要文章，对今后有关仰韶文化的研究工作有着重要的指导意义。

（一）调查、发掘和专题研究的不平衡

1. 各地区文物普查、考古调查的不平衡

　　我国最近的一次文物普查工作是 20 世纪 80 年代进行的，在仰韶文化分布区的各省已发现仰韶文化遗址有：陕西 2040 处，河南 800 余处，山西、甘肃各 1000 余处，河北、内蒙古及湖北各数十处，宁夏和青海各有数处，九省区合计 5000 余处[1]。这个数字初看起来已经十分可观，但认真思考一下也不无问题。陕西省的普查情况均经专业人员复查，可大体肯定，其余各省是否组织复查不详。这里假定陕西省的遗址数目为标准的话，那么，河南省的遗址数目就嫌少一些，这一估计已为后来的局部复查所证实。如灵宝市 20 世纪 80 年代普查发

现 59 处，90 年代复查发现 78 处，多出来 19 处，一个县如此，全省可能还有被遗漏的遗址。河北省的仰韶文化遗址据郑绍宗 1989 年透露仅有 50 多处，严文明指出："像河北那样大的一个省，怎么也不会只有 53 处仰韶文化遗址"[2]。可见河北省的仰韶遗址可能还有不少未被发现。其他各省区的仰韶遗址数目可能与实际存在接近。在历次文物普查的基础上，考古研究机构开展过很多考古调查工作，这多是沿着某河流域或部分地县河段进行，较文物普查深入细致，为验证普查情况及选择典型遗址发掘都提供了重要的依据。但这仍是局部行为，占整个仰韶文化分布面积的很小部分，各大河上的很多河段及很多大小支流，专业人员不曾涉足，形成了很多大小不同的考古空白区。在这些空白区内大量的普查资料不仅得不到验证，而且可能存在的重要遗址无从发现，直接影响着深入的综合研究。上述九省区的工作情况，反映出明显的不平衡现象，工作有多有少，有的比较深入细致，有的比较粗疏，这是今后亟待解决的问题。

2．各地区发掘遗址和发掘规模的不平衡

八十年来各地对仰韶文化遗址的发掘或试掘数量及发掘规模、揭露面积列表如后[3]。

从此表统计来看，明显的反映出各地发掘遗址和发掘规模（面积）的不平衡现象。陕西、河南多一些，河北、山西少一些，甘、青、宁、蒙、鄂也都做了一些工作。这是从整个仰韶文化着眼的，若从不同期别或不同类型的发掘情况来看也存在不平衡现象。如陕西省对早期各类型发掘遗址较多，规模较大，对研究早期诸多问题提供了重要资料，而对中晚期的各类型发掘遗址较少，规模较小，使很多问题模糊不清；河南省对

省（区）	发掘遗址（处）	发掘面积（平方米）		合　计
		20～60 年代	70～90 年代	
陕西	60	28292	45734	74026
河南	60	18253	36448	54701
山西	28	1637	6881	8518
河北	16	5310	4167	10447
甘肃	10		21475	21475
内蒙古	20		21421	21421
湖北	5	2942	1500	4424
青海	1		500	500
宁夏	1		400	400
合计	201	56434	138526	194960

中晚期遗址发掘较多，但小面积试掘的多，大面积揭露的少，特别是对早期遗址大规模发掘的更少，在一定程度上影响了对各期各类型诸问题的深入研究；河北、山西对各期仰韶遗址发掘较少，进展较慢，使整个研究难以深入；甘肃和内蒙古近二十年来对仰韶遗址发掘较多，对当地仰韶文化的年代序列基本搞清，对大地湾、庙子沟等晚期遗存搞的比较清楚，但还需要对各期重要遗址开展大规模发掘工作，使整个研究更加深入一步；湖北、宁夏、青海地处仰韶文化分布区的边缘地区，与邻境或当地其他考古学文化交错分布，互为影响，关系密切，过去的工作对它们的相对关系、年代序列大致了解，但具体到各期、各类型、不同的时空内它们的关系及其他问题又是怎样，仍需开展一些工作。依据这些问题，我们假若能将仰韶文化各期、各类型的遗址都选择出一二处保存好的重要遗址，有计划有目的的进行大规模发掘一二万或者三四万平方米，甚至更多

的面积，直至解决问题为止，这样我们对仰韶文化诸问题的研究将会更加深入，将会取得更多的成果。对复原我国远古历史的真实面貌具有极为重要的意义。

3. 专题研究的不平衡

随着我国考古学的发展，我们对仰韶文化的研究逐步深入，并已达到了较高的阶段。自 70 年代晚期以来，对仰韶文化的专题研究有了较大的进展，诸如仰韶文化的起源、区系类型、年代分期、生产工具发展水平、制陶工艺、经济形态、房屋建筑技术、各类房屋的使用功能、村落布局、聚落形态、聚落群及中心聚落，以及居民的埋葬制度、体质特征种属、文化艺术成就、社会组织结构、社会发展阶段等等问题，都有研究成果发表。但在这些众多的选题中也有不平衡的现象，有的专题研究者多，有的专题研究者少，如对区系类型、年代分期、社会性质、文化艺术等研究的多，其他专题研究者较少，或者是对某一地区、某一阶段、某一类型的问题研究的多，而对整个仰韶文化诸专题全面系统的深入的综合研究的少。这一状况应是我们今后在研究选题中值得注意的。

（二）关于考古学理论对仰韶文化 研究的指导问题

中国考古学从 1921 年对仰韶村的发掘宣告诞生以来，在长期的发展中，从 20 年代提出的"修国史"、"写续篇"，到 50 年代提出的"建体系"、"文化定名"，到 80 年代提出的"区系类型"、"古文化、古城、古国"，以及 90 年代提出的"古国、方国、帝国"等[4]，一整套学科理论已逐步建立和完善起来，并已达到了较成熟的阶段。这些理论都直接影响或指导着对仰韶文化的研究，并取得了丰硕的成果。但我们的广大研究者在实际工作中，对它的学习、领会和运用并不十分理想，同样的理论和资料，由于理解不同，而结论各异，这是允许的。但是有些地方表现出学习不深、领会不透、牵强附会、生搬硬套，甚至断章取义、主观臆断、无视客观实际情况或者固执己见、一成不变。这是我们在前进中的小疵，经过一个阶段的研讨实践之后，肯定会达到理想的水平。

（三）仰韶文化研究中应用现代科学技术的问题

现代科学技术在仰韶文化研究中的应用情况已见前述，这里说的主要是在运用中存在的问题。早年发掘的仰韶村、西阴村、半坡、庙底沟、北首岭、元君庙，后来发掘的姜寨、大河村、下王岗、龙岗寺、案板、洪山庙及福临堡等遗址都曾采用现代科学技术手段对某些标本进行过研究，20 世纪 90 年代初中国历史博物馆考古部主持对班村遗址的发掘，采用考古学、环境学、生物学、体质人类学、文化人类学、物理学、化学等各学科学者联合组队进行发掘和研究的方法，曾引起学术界的广泛关注。这些都是仰韶文化研究中比较重视应用自然科学技术的项目，但这仅占已发掘仰韶遗址约 200 处的很小比例，可见太不普及了。我们不要求每个已发掘的遗址对出土物都请自然科学家进行研究，但对各地区各类型的那些发掘规模大或遗迹、遗物特别丰富的重要遗址，应重视运用现代科学技术进行多学科研究，以达到发现更多研究信息的目的。上述这些都是常见的应用或结合的学科，其实，目前在国内外考古学研究中已有很多现代科学技术被应用，诸如植物硅酸体分析法、数理统计法、定量分析法、计算机技术、遗传基因研究、石器微痕研究、考古资料检索系统、考古图像管理系统以及田野调查发掘中用的红外线测角测距仪、卫星定位仪、数码相机及笔记本电脑等，在仰韶文化研究中多未应用。运用碳十四测年法，自20世纪70年代以来，在仰韶文化绝对年代的研究中比较普遍，不少发掘过的遗址都有绝对年代测定[5]，但也有一些遗址的发掘者不太重视碳素标本的采集，有的虽采集了碳素标本而对测定不够重视，有的遗址采集标本单位多而仅测个别数据，这些情况在一定程度上都影响了对仰韶文化诸问题的深入研究。碳素标本在考古发掘中并不难采集，只要大家重视，肯定会采集到不少，假若仰韶文化各期各类型都有较多的碳测年代数据，它将会在我们的研究中产生更大的作用。

注　释

[1] 见本书第五章第（二）节。

[2] 严文明：《纪念仰韶村遗址发现 65 周年》，见《仰韶文化研究》第 343 页，文物出版社 1989 年版。

[3] 这是一个大概情况统计，是一个很保守的数字，因为有的工作未见发表资料，有的即使已有报道但情况不详，有的资料难以查找。

[4] 苏秉琦：《迎接中国考古学的新世纪》，《东南文化》1993 年 1 期；张忠培：《关于中国考古学的过去、现在与未来的思考》，见《中国考古学：走近历史真实之道》，科学出版社 1999 年版；俞伟超：《本世纪中国考古学的一个里程碑》，见《中国文明起源新探》，生活·读书·新知三联书店 1999 年版。

[5] 见本书第五章第（三）节。

参 考 文 献

安特生著、袁复礼译：《奉天锦西沙锅屯洞穴层》，古生物志丁种第一号第一册，农商部地质调查所，北平，1923年。

安特生著、袁复礼译：《中华远古之文化》，地质汇报第五号，农商部地质调查所，北平，1923年。

阿尔纳著、乐森玙译：《河南石器时代之着色陶器》，古生物志丁种第一号第二册，农商部地质调查所，北平，1925年。

安特生著、乐森玙译：《甘肃考古记》，地质专报甲种第五号，农商部地质调查所，北平，1925年。

步达生著、李济译：《甘肃史前人种说略》，附于《甘肃考古记》后，1925年。

步达生著、李济译：《奉天沙锅屯及河南仰韶村之古代人骨与近代华北人骨之比较》，古生物志丁种第一号第三册，农商部地质调查所，北平，1925年。

步达生著、裴文中译：《甘肃河南晚石器时代及甘肃史前后期之人类头骨与现代华北及其他人种之比较》，古生物志丁种第六号第一册，农矿部地质调查所，北平，1928年。

李济：《西阴村史前的遗存》，清华学校研究院丛书第三种，1927年。

J.G.Andersson, *Children of the Yellow Earth*, London, 1934.

J.G.Andersson, "Researches into the prehistory of the chinse" *BMFEA*, No.15, 1943.

安特生著、刘竟文译：《朱家寨遗址》，青海人民出版社1991年版。原发表在瑞典《远东古物博物馆馆刊》第17期，1945年。

J.G.Andersson, "Prehistoric sites in Honan", *BMFEA*, No.19, 1947.

梁思永:《山西西阴村史前遗址的新石器时代的陶器》（英文），1930年，单行本。后收入《梁思永考古学论文集》，科学出版社1959年版。

李济:《安阳》，美国华盛顿大学出版部1977年英文版，苏海菊、聂玉海译成中文，中国社会科学出版社1990年版。

卫聚贤:《中国考古小史》，商务印书馆1933年版。

徐炳昶:《陕西最近发现之新石器时代遗址》，《北平研究院院务汇报》7卷6期，1936年。

梁思永:《后岗发掘小记》，见《安阳发掘报告》第四册，中央研究院历史语言研究所专刊之一，1933年。

李济:《安阳最近发掘报告及六次工作之总估计》，见《安阳发掘报告》第四册，中央研究院历史语言研究所专刊之一，1933年。

傅斯年、李济等:《城子崖》，中国考古报告之一，中央研究院历史语言研究所，南京，1934年。

吴金鼎:《摘记小屯迤西三处小发掘》，见《安阳发掘报告》第四册，中央研究院历史语言研究所专刊之一，1933年。

刘燿:《河南浚县大赉店史前遗址》，《田野考古报告》第一册，中央研究院历史语言研究所专刊之十三，商务印书馆1936年版。

尹达:《新石器时代》，生活·读书·新知三联书店1979年第二版。

石璋如:《殷墟最近之重要发现附论小屯地层》，《田野发掘报告》第二册，中央研究院历史语言研究所专刊之十三，商务印书馆1947年版。

苏秉琦:《斗鸡台沟东区墓葬》，国立北平研究院史学研究所，1948年。

格林·丹尼尔著、黄其煦译:《考古学一百五十年》，文物出版社1987年版。

安志敏:《中国史前考古学书目》，燕京大学，1951年。

李济：《小屯与仰韶》，见《安阳发掘报告》第二册，中央研究院历史语言研究所专刊之一，1930 年。

徐中舒：《再论小屯与仰韶》，见《安阳发掘报告》第三册，中央研究院历史语言研究所专刊之一，1931 年。

傅斯年：《夷夏东西说》，见《庆祝蔡元培先生六十五岁论文集》，南京，1935 年。

梁思永：《小屯龙山与仰韶》，见《梁思永考古论文集》，科学出版社 1959 年版。

张忠培：《中国考古学：实践、理论、方法》，中州古籍出版社 1994 年版。

陈星灿：《中国史前考古学史研究》，生活·读书·新知三联书店 1997 年版。

严文明：《走向 21 世纪的考古学》，三秦出版社 1997 年版。

蒙德留斯著、滕固译：《先史考古学方法论》，商务印书馆 1937 年版。

N.Palmgren. "Kausu mortuary urns of the Panshan and Machang groups", PSD.Vol Ⅲ：1934.

夏鼐：《齐家期墓葬的新发现及其年代之改订》，《中国考古学报》第三册，1948 年。

夏鼐：《临洮寺洼山发掘记》，《中国考古学报》第四册，1949 年。

夏鼐：《兰州附近的史前遗存》，《中国考古学报》第五册，1951 年。

裴文中：《甘肃考古报告》，见《裴文中史前考古学论文集》，文物出版社 1987 年版。

裴文中：《中国西北甘肃走廊和青海地区的考古调查》，见《裴文中史前考古学论文集》，文物出版社 1987 年。

刘燿：《龙山文化与仰韶文化之分析》，《田野考古学报》第二册，1947 年。

梁思永：《龙山文化——中国文明的史前期之一》，《梁思永考古论文集》，科学出版社 1959 年版。

Wu.G.D.，*prehistoric Pottery in China*，London，1938.

ByLin.Althin，"The sites of chichiaping and lohantang in kausu"，BM-FEA，No.18，1946.

吴金鼎、曾昭燏、王介忱：《云南苍洱境考古报告》，国立中央博物院专刊乙种之一，李庄，1942 年。

裴文中：《中国古代陶鬲及陶鼎之研究》，《裴文中史前考古学论文集》，文物出版社 1987 年版。

黄河水库考古工作队：《黄河三门峡水库考古调查简报》，《考古通讯》1956 年 5 期。

苏秉琦、吴汝祚：《西安附近古文化遗存的类型和分布》，《考古通讯》1956 年 2 期。

中国科学院考古研究所沣西发掘队：《陕西长安户县调查与试掘简报》，《考古》1962 年 6 期。

考古研究所渭水调查发掘队：《陕西渭水流域调查简报》，《考古》1960 年 1 期。

陕西考古所汉水队：《陕西安康专区考古调查简报》，《考古》1960 年 3 期；《陕西汉中专区考古调查简报》，《考古》1962 年 6 期。

甘肃省博物馆：《甘肃古文化遗存》，《考古学报》1960 年 2 期。

郭勇：《山西十年来考古与文物工作的概况》，《考古》1959 年 2 期。

中国科学院考古研究所山西工作队：《晋西南地区新石器时代和商代遗址的调查和发掘》，《考古》1962 年 9 期。

唐云明：《试谈河北仰韶文化中的一些问题》，《考古》1964 年 9 期。

内蒙古历史研究所：《内蒙古中南部黄河沿岸新石器时代遗址调查》，《考古》1965 年 10 期。

长办文物考古队直属工作队：《一九五八至一九六一年湖北郧县和均县发掘简报》，《考古》1961 年 10 期。

中国科学院考古研究所、西安半坡博物馆：《西安半坡》，文物出版社 1963 年版。

中国科学院考古研究所：《庙底沟与三里桥》，科学出版社 1959 年版。

黄河水库考古队华县队：《陕西华县柳子镇考古发掘简报》，《考古》1959 年 2 期；《陕西华县柳子镇第二次发掘的主要收获》，《考古》1959 年 11 期。

北京大学考古教研室：《元君庙仰韶墓地》，文物出版社 1983 年版。

中国社会科学院考古研究所；《宝鸡北首岭》，文物出版社 1983 年版。

北京大学考古实习队：《洛阳王湾遗址发掘简报》，《考古》1961 年 4 期。

中国社会科学院考古研究所陕西工作队：《陕西华阴横阵遗址发掘报告》，《考古学集刊》，中国社会科学出版社 1984 年版。

陕西考古所泾水队：《陕西邠县下孟村遗址发掘简报》，《考古》1960 年 1 期；《陕西邠县下孟村仰韶文化遗址续掘简报》，《考古》1962 年 6 期。

中国科学院考古研究所河南省调查团：《河南成皋广武区考古纪略》，《科学通报》2 卷 7 期，1951 年；《河南渑池的史前遗存》，《科学通报》2 卷 9 期，1951 年。

河南省文化局文化工作队：《郑州西郊仰韶文化遗址发掘简报》，《考古通讯》1958 年 2 期。

河南省文化局文物工作队：《河南临汝大张新石器时代遗址发掘简报》，《考古》1960 年 6 期。

河南省文化局文物工作队：《河南唐河茅草寺新石器时代遗址》，《考古》1965 年 1 期。

中国科学院考古研究所安阳发掘队；《安阳洹河流域几个遗址的试掘》，《考古》1965 年 7 期。

安志敏：《试论黄河流域新石器时代文化》，《考古》1959 年 10 期。

石兴邦：《黄河流域原始社会考古研究上的若干问题》，《考古》1959 年 10 期。

中国科学院考古研究所：《新中国的考古收获》，文物出版社 1961

年版。

　　杨建芳：《略论仰韶文化和马家窑文化的分期》，《考古学报》1962年1期。

　　苏秉琦：《关于仰韶文化的若干问题》，《考古学报》1965年1期。

　　吴汝祚：《从墓葬发掘来看仰韶文化的社会性质》，《考古》1961年12期。

　　张忠培：《关于根据半坡类型的埋葬制度探讨仰韶文化社会制度问题的商榷》，《考古》1962年7期。

　　许顺湛：《"仰韶"时期已进入父系氏族社会》，《考古》1962年5期。

　　杨建芳：《仰韶时期已进入父系氏族社会了吗》，《考古》1962年11期。

　　陕西分院考古研究所：《陕西西乡李家村新石器时代遗址》，《考古》1961年7期；《陕西西乡李家村新石器时代遗址一九六一年发掘简报》，《考古》1962年6期。

　　国家文物局主编：《中国文物地图集·河南分册》，中国地图出版社1991年版。

　　国家文物局主编：《中国文物地图集·陕西分册》，西安地图出版社1998年版。

　　宁夏文物考古研究所、中国历史博物馆：《固原地区新石器时代遗址调查简报》，见《宁夏考古文集》，宁夏人民出版社1994年版。

　　郑绍宗：《河北省文物考古工作十年的主要收获》，《文物春秋》1989年。

　　中国社会科学院考古研究所长江工作队：《湖北郧县和均县考古调查与试掘》，《考古学集刊》第4集，中国社会科学出版社1984年版。

　　郑州市博物馆：《郑州大河村遗址发掘报告》，《考古学报》1979年3期。

　　郑州市文物考古研究所：《1982、1985年河南郑州市大河村遗址发掘》，《考古学集刊》第11集，中国大百科全书出版社1997年版。

河南省文物研究所等：《淅川下王岗》，文物出版社 1989 年版。

甘肃省博物馆文物工作队：《甘肃秦安大地湾遗址 1978～1982 年发掘的主要收获》，《文物》1983 年 11 期。

濮阳西水坡遗址考古队：《1988 年河南濮阳西水坡遗址发掘简报》，《考古》1989 年 12 期。

国家文物局考古领队培训班：《郑州西山仰韶时代城址的发掘》，《文物》1999 年 7 期。

北京大学考古实习队等：《河南邓州八里岗遗址发掘简报》，《文物》1998 年 9 期。

陕西省考古研究所：《陕西临潼零口遗址第二期遗存发掘简报》，《考古与文物》1999 年 6 期。

北京大学考古教研室华县报告编写组：《华县、渭南古代遗址调查与试掘》，《考古学报》1980 年 3 期。

山西省考古研究所：《山西翼城枣园新石器时代早期遗址调查报告》，《文物季刊》1992 年 2 期。

中国历史博物馆考古部等：《山西省垣曲县古城东关遗址Ⅳ区仰韶早期遗存的新发现》，《文物》1995 年 7 期。

河南省文物研究所：《长葛石固遗址发掘报告》，《华夏考古》1987 年 1 期。

郑州大学考古系等：《河南尉氏县椅圈马遗址发掘简报》，《华夏考古》1997 年 3 期。

拒马河考古队：《河北易县涞水古遗址试掘报告》，《考古学报》1988 年 4 期。

中国社会科学院考古研究所陕西六队：《陕西蓝田泄湖遗址》，《考古学报》1991 年 4 期。

西安半坡博物馆：《铜川李家沟新石器时代遗址发掘报告》，《考古与文物》1984 年 1 期。

陕西省考古研究所：《龙岗寺》，文物出版社 1990 年版。

西安半坡博物馆等：《陕西渭南史家新石器时代遗址》，《考古》

1978 年 1 期。

甘肃省博物馆大地湾发掘小组：《甘肃秦安王家阴洼仰韶文化遗址的发掘》，《考古与文物》1984 年 2 期。

中国社会科学院考古研究所：《师赵与西山坪》，中国大百科全书出版社 1999 年版。

中国科学院考古研究山西工作队：《山西芮城东庄村和西王村遗址的发掘》，《考古学报》1973 年 1 期。

山西考古研究所：《山西翼城北橄遗址发掘报告》，《文物季刊》1993 年 4 期。

中国社会科学院考古研究所河南二队等：《河南周口地区考古调查简报》，《考古学集刊》第 4 集，1984 年。

河南省文物研究所等：《渑池仰韶遗址 1980 年～1981 年发掘报告》，《史前研究》1985 年 3 期。

山西省考古研究所：《西阴村史前遗存第二次发掘》，《三晋考古》第二辑，山西人民出版社 1996 年版。

中国社会科学院考古研究所陕西工作队：《陕西华阴西关堡新石器时代遗址发掘》，《考古学集刊》第 6 集，1989 年。

叶茂林等：《民和官亭盆地考古初获成果——胡李家遗址揭示大面积庙底沟时期遗存》，《中国文物报》2000 年 3 月 15 日。

郑州市博物馆：《荥阳点军台遗址 1980 年发掘报告》，《中原文物》1982 年 4 期。

晋中考古队：《山西太谷白燕遗址第一地点发掘简报》及《山西太谷白燕遗址第二、三地点发掘简报》，《文物》1989 年 3 期。

西北大学文博学院考古专业：《扶风案板遗址发掘报告》，科学出版社 2000 年版。

宝鸡市考古工作队等：《宝鸡福临堡》，文物出版社 1993 年版。

郑州市文物工作队：《青台仰韶文化遗址 1981 年发掘简报》，《中原文物》1987 年 1 期。

洛阳市第三文物工作队：《河南伊川县伊阙城遗址仰韶文化遗存发

掘简报》，《考古》1997 年 12 期。

中国社会科学院考古研究所河南一队：《河南临汝中山寨遗址》，《考古学报》1991 年 1 期。

河北省文物管理处：《磁县界段营发掘简报》，《考古》1974 年 6 期；《磁县下潘汪遗址发掘报告》，《考古学报》1975 年 1 期。

中国社会科学院考古研究所：《安阳后岗新石器遗址的发掘》，《考古》1982 年 6 期。

河北省文物研究所：《武安赵窑遗址发掘报告》，《考古学报》1992 年 3 期。

张家口考古队：《一九七九年蔚县新石器时代考古的主要收获》，《考古》1981 年 3 期；《蔚县考古纪略》，《考古与文物》1982 年 4 期。

长办考古队河南分队：《河南淅川黄楝树遗址发掘报告》，《华夏考古》1990 年 3 期。

中国社会科学院考古研究所湖北队：《湖北枣阳市雕龙碑新石器时代遗址试掘简报》，《考古》1992 年 7 期。

长办考古队河南分队：《淅川下集新石器时代遗址发掘报告》，《中原文物》1989 年 1 期。

河南省文化局文物工作队：《河南镇平赵湾新石器时代遗址的发掘》，《考古》1962 年 1 期。

内蒙古社会科学院蒙古史研究所：《内蒙古包头市阿善遗址发掘简报》，《考古》1984 年 2 期。

西园遗址发掘组：《内蒙古包头市西园新石器时代遗址发掘简报》，《考古》1990 年 4 期。

内蒙古文物考古研究所等：《内蒙古乌兰察布盟石虎山遗址发掘纪要》，《考古》1998 年 12 期。

田广金：《内蒙古岱海地区仰韶时代文化遗址的调查》，《内蒙古中南部原始文化研究文集》，海洋出版社 1991 年版。

斯琴：《准格尔旗窑子梁仰韶文化遗址》，《内蒙古文物考古》创刊号，1981 年。

内蒙古文物考古研究所:《准格尔旗官地遗址》及《准格尔旗鲁家坡遗址》,《内蒙古文物考古文集》,第二辑,1997年。

北京大学考古系等:《内蒙古托克托县海生不浪遗址发掘报告》,《考古学研究》(三),科学出版社1997年版。

内蒙古文物考古研究所等:《内蒙古凉城县王墓山坡上遗址发掘纪要》,《考古》1997年4期。

内蒙古文物考古研究所:《内蒙古察右前旗庙子沟遗址考古纪略》,《文物》1989年12期。

西安半坡博物馆:《陕西岐山王家嘴遗址的调查和试掘》,《史前研究》1984年3期。

陕西省考古研究所等:《陕南考古报告集》,三秦出版社1994年版。

中国社会科学院考古研究所编:《中国考古学中碳十四年代数据集1965—1991》,文物出版社1991年版。

曾骐:《我国新石器时代的生产工具综述》,《考古与文物》1985年6期。

任式楠:《我国新石器——铜石并用时代农作物和其他食用植物遗存》,《史前研究》1986年3、4期。

金则恭:《仰韶文化的埋葬制度》,《考古学集刊》第4集,1984年。

严文明:《仰韶文化研究》,文物出版社1989年版。

考古研究所体质人类学组:《陕西华阴横阵的仰韶文化人骨》,《考古》1977年4期。

韩康信:《仰韶新石器时代人类学材料种系特征中的几个问题》,《史前研究辑刊》,1988年。

巩启明:《试论仰韶文化》,《史前研究》1983年1期。

河南省考古学会等:《论仰韶文化》,《中原文物》1986年特刊。

丁清贤、孙德萱等:《从濮阳蚌壳龙虎墓的发现谈仰韶文化的社会性质》,《中原文物》1988年1期。

周仁等:《我国黄河流域新石器时代和殷商时代制陶工艺的科学总结》,《考古学报》1964年1期。

林耀华主编：《原始社会史》，中华书局 1984 年版。

郑州市博物馆发掘组：《谈谈郑州大河村遗址出土的彩陶上的天文图像》，《河南文博通讯》1978 年 1 期。

王志俊：《关中地区仰韶文化刻划符号综述》，《考古与文物》1980年 3 期。

高明：《论陶符兼谈汉字的起源》，《北京大学学报》1984 年 6 期。

河南省文物研究所：《汝州洪山庙》，中州古籍出版社 1995 年版。

西安半坡博物馆编：《半坡史前文物精华》，陕西旅游出版社 1995年版。

张朋川：《甘肃出土的几件仰韶文化人面陶塑》，《文物》1979 年 11期。

张志清：《河南境内的大汶口文化》，见《河南考古四十年》，河南人民出版社 1994 年版。

田广金：《内蒙古长城地带诸考古学文化与邻境同期文化相互影响规律的研究》，《内蒙古文物考古》1993 年 1、2 期。

夏鼐：《关于考古学上文化的定名问题》，《考古》1959 年 4 期。

苏秉琦、殷玮璋：《关于考古学文化的区系类型问题》，《文物》1981 年 5 期。

张忠培：《地层学与类型学的若干问题》，《文物》1983 年 5 期。

严文明：《考古资料整理中的标型学研究》，《考古与文物》1985 年4 期。

张忠培：《中国考古学——走近历史真实之道》，科学出版社 1999年版。

严文明：《史前考古论集》，科学出版社 1998 年版。

苏秉琦：《华人、龙的传人、中国人——考古寻根记》，辽宁大学出版社 1994 年版。

苏秉琦：《中国文明起源新探》，生活·读书·新知三联书店 1999 年版。

后　记

　　八十年来，学术界对仰韶文化的调查、发掘、发现与研究，已经取得了令人注目的业绩，尤其是我国几代学者不辞艰辛，以献身科学事业的精神，前仆后继地不懈努力，使仰韶文化的考古工作和研究水平已经达到了一定的高度。这在对仰韶文化起源探索、分布地域、区系类型、年代、分期、文化特征、生产、生活情景、社会组织、社会发展阶段以及人种的研究中，都有充分的体现。忆往昔，不禁令人感触良多，在科学研究的崎岖道路上，点滴成绩来之不易，项项成果都是血和汗的结晶。然而，我们的研究是否已经达到尽善尽美非常理想的程度了呢？一些问题是否已经解决达到令人满意的结论了呢？这当然是否定的。对仰韶文化的研究，若与国内其他原始文化研究相比，虽说工作做的多一些，研究比较全面和深入一些，但还是存在不少问题。正如本书第六章所述，大小问题举不胜举。特别是怎样将距今7000至5000年中原地区的真实历史阐述清楚，将中国古代文明起源及国家形成的根基搞清，当是我们今后长期的奋斗目标。

　　本书在撰写过程中，第五章之（三）的1、2、3、6及7、8、9为阎毓民、杨亚长二位先生分别撰成初稿，后因体例和观点与全书多不一致，则由作者改写而成，对他们的大力支持表示诚挚的谢意。本书插图均采自公开出版的书刊，没有一一加注，特向原作者致以歉意。插图由孙大伦、白金锁二位先生摹绘，照片由张学德、陈志安、李昌韬及丁清贤四位先生拍摄，在此一并致谢。

作者

2000 年 12 月于陕西省考古研究所

图书在版编目（CIP）数据

仰韶文化/巩启明著. --北京：文物出版社，2002.10
（2023.6 重印）
（20世纪中国文物考古发现与研究丛书）
ISBN 978-7-5010-1364-7

Ⅰ.仰… Ⅱ.巩… Ⅲ.仰韶文化-研究 Ⅳ.K871.13

中国版本图书馆CIP数据核字（2002）第050405号

20世纪中国文物考古发现与研究丛书

仰韶文化

著　　者　巩启明

封面设计　张希广
责任印制　张　丽
责任编辑　葛承雍
重印编辑　吕　游
出版发行　文物出版社
社　　址　北京市东城区东直门内北小街2号楼
网　　址　http://www.wcnwu.com
经　　销　新华书店
印　　刷　文物出版社印刷厂有限公司
开　　本　850mm×1168mm　　1/32
印　　张　8.375　插页：1
版　　次　2002年10月第1版
印　　次　2023年6月第4次印刷
书　　号　ISBN 978-7-5010-1364-7
定　　价　40.00元